Droga do życia

Droga do życia

ALDIVAN TORRES

Canary Of Joy

CONTENTS

1 | 1

1

Droga do życia
Aldivan Torres
Droga do życia

Autor: Aldivan Torres
© 2020- Aldivan Torres
Wszelkie prawa zastrzeżone.
Seria: Kultywowanie mądrości

Ta książka, w tym wszystkie jej części, jest chroniona prawem autorskim i nie może być powielana bez zgody autora, odsprzedawana ani pobierana.

Aldivan Torres jest pisarzem skonsolidowanym w kilku gatunkach. Do tej pory tytuły ukazały się w kilkudziesięciu językach. Od najmłodszych lat pasjonował się sztuką pisania, karierę zawodową ugruntował od drugiej połowy 2013 roku. Ma nadzieję, że swoimi pismami wniesie wkład w kulturę międzynarodową, wzbudzając przyjemność czytania u tych, którzy nie mają nawyku. Twoim zadaniem jest podbić serca każdego z Twoich czytelników. Oprócz literatury jego głównymi rozrywkami są muzyka, podróże, przyjaciele, rodzina i sama przyjemność życia. „Za literaturę, równość, braterstwo, sprawiedliwość, godność i honor człowieka zawsze" to jego motto.
Wznawianie

Ścieżka
Wiedząc, jak być krytycznym
Prawo powrotu
Czas udręki.
Stosunek zbioru roślin
Dać czy nie dać jałmużny?
Akt nauczania i uczenia się
Jak postępować w obliczu zdrady
Miłość rodzi więcej miłości.
Działaj w imieniu ubogich, wykluczonych i podwładnych.
Ostateczna wiadomość
Ścieżka dobrego samopoczucia
Ścieżka
Drogi do Boga
Dobrzy mistrzowie i uczniowie
Dobre praktyki zachowania trzeźwości
Wartość w przykładzie
Uczucie we wszechświecie
Czując się bosko
Zmiana rutyny
Światowe nierówności a sprawiedliwość
Moc muzyki
Jak walczyć ze złem
Jestem niezrozumiały.
Doświadczanie problemów
W pracy
Podróżny
Poszukiwanie praw
Wierz w pełną miłość.
Wiedza, jak zarządzać związkiem
Masaż
Przyjęcie wartości moralnych
Mając ducha prawdziwego przyjaciela

Działania, których należy przestrzegać.
Dbaj o karmienie.
Wskazówki dotyczące długiego i dobrego życia
Taniec
Post
Pojęcie Boga
Kroki doskonalenia
Charakterystyka umysłu
Jak mam się czuć?
Rola edukacji
Wniosek
Zwycięstwo wiarą
Zwycięstwo nad wrogami duchowymi i cielesnymi
Relacja człowiek-Bóg
Wiara w Jahwe w bólu
Bycie uczciwym człowiekiem wiary
Chrystusowie
Misja człowieka
Bądź Chrystusem.
Dwie ścieżki
Wybór
Moje doświadczenie
Miejsce docelowe
Królestwo światła, październik 1982
Misja
Znaczenie wizji
Autentyczność w zepsutym świecie
Smutek w trudnych czasach
Życie w zepsutym świecie
Dopóki istnieje dobro, ziemia pozostanie.
Sprawiedliwi nie zostaną wstrząśnięci.
Bądź wyjątkiem.
Moja forteca

Wartości
Poszukiwanie wewnętrznego pokoju
Bóg Stwórca
Prawdziwa miłość
Uznaj siebie za grzesznika i ograniczonego.
Wpływ współczesnego świata
Jak zintegrować się z ojcem
Znaczenie komunikacji
Współzależność i mądrość rzeczy
Nie obwiniaj nikogo.
Bycie częścią całości
Nie narzekaj.
Zobacz z innego punktu widzenia.
Prawda
Pomyśl o drugim.
Zapomnij o problemach.
Postrzegaj narodziny i śmierć jako procesy.
Nieśmiertelność
Miej proaktywną postawę.
Bóg jest duchem.
Wizja wiary
Przestrzegajcie moich przykazań.
Martwa wiara
Miej inną wizję.
Ze słabości pochodzi siła.
Co robić w delikatnej sytuacji finansowej
W obliczu problemów rodzinnych
Pokonanie choroby, a nawet śmierci
Spotkanie ze sobą
Sophia
Sprawiedliwość
Schronienie we właściwym czasie
Uwodzenie świata a droga Boża

Poznajemy Jahwe.
Sprawiedliwy i związek z Jahwe
Relacja z Jahwe
Co powinieneś zrobić.
Daję ci całą moją nadzieję.
Przyjaźń.
Przebaczenie
Znalezienie drogi
Jak żyć w pracy
Życie z ludźmi zaciekłymi w pracy
Przygotowanie do samodzielnego dochodu z pracy
Analiza możliwości specjalizacji na studiach
Jak żyć w rodzinie
Co to jest rodzina.
Jak szanować i być szanowanym
Zależność finansowa
Znaczenie przykładu

Ścieżka

Powiedz mi, z kim się spotykasz, a powiem ci, kim jesteś. To mądre powiedzenie pokazuje, jak ważna jest wybiórczość w przyjaźni. Uważam jednak, że to wszystko jest doświadczeniem edukacyjnym. Musisz popełniać błędy, aby się uczyć, lub musisz eksperymentować, aby wiedzieć, co lubisz. Doświadczenie jest pierwotnym czynnikiem ewolucji istoty ludzkiej, ponieważ jesteśmy istotami wędrownymi poddanymi rzeczywistości pokuty i dowodów.

Wiedząc, jak być krytycznym

Jesteśmy istotami stale ewoluującymi. To normalne, że krytykujesz siebie i zawsze chcesz poprawić swoje wyniki w codziennych czynnościach. Ale nie wymagaj od siebie zbyt wiele. Czas uczy i dojrzewa

Twoje pomysły. Podziel swoje zadania w taki sposób, aby mieć wystarczająco dużo wolnego czasu. Przytłoczony umysł nie daje nic wygodnego. Jest czas sadzenia i zbioru.

Wymaga empatii i kontroli. Jeśli twój partner popełni błąd, daj mu dobrą radę, ale nie odtwarzaj go na nowo. Pamiętaj, że nie możemy oceniać innych, ponieważ jesteśmy także istotami niedoskonałymi i wadliwymi. Byłby to ślepiec prowadzący innego ślepca, który nie przynosiłby owocu. Zastanów się, zaplanuj i uświadom sobie. Są niezbędnymi filarami sukcesu.

Jeśli jesteś szefem, wymagaj od podwładnych umiejętności, ale bądź wyrozumiały i ludzki. Środowisko pracy obciążone ciężkimi i negatywnymi wibracjami tylko utrudnia nasz rozwój. Wymaga współpracy, dostawy, pracy, determinacji, planowania, kontroli i tolerancji w środowisku pracy. Nazywa się to demokratyzacją pracy, która jest istotnym elementem prowadzenia działalności gospodarczej, ponieważ nasze społeczeństwo jest wielopłaszczyznowe i wielopłaszczyznowe. Dlatego środowisko musi być miejscem integracji społecznej.

Klienci i konsumenci podziwiają duże firmy, które dążą do integracji i zrównoważonego rozwoju. To generuje bardzo pozytywny wizerunek wewnątrz i na zewnątrz organizacji. Oprócz tego wartości takie jak jedność, wytrwałość, godność i honor przyczyniają się do trwałości firmy. W tym przypadku polecam punktualne spotkanie z wysoko wykwalifikowanymi specjalistami, takimi jak między innymi: psycholog, technik relacji międzyludzkich, administratorzy, odnoszący sukcesy menedżerowie, pisarze, pracownicy służby zdrowia.

Mistrzowie życia

Wykonujemy wielką misję przed całkowicie nierównym tłumem. Niektórzy mają więcej wiedzy, a inni mniej wiedzy. Jednak każdy z nas może uczyć lub uczyć się. Mądrości nie mierzy się jej wiekiem ani stanem społecznym, jest ona darem Bożym. Wtedy znajdziemy żebraka mądrzejszego od odnoszącego sukcesy biznesmena. Nie jest mierzona siłą finansową, ale konstrukcją wartości, która czyni nas bardziej ludzkimi. Sukces lub porażka jest tylko konsekwencją naszych działań.

Naszymi pierwszymi mistrzami są nasi rodzice. Tak więc to prawda, że nasza rodzina jest naszą podstawą wartości. Wtedy mamy kontakt ze społeczeństwem i w szkole. Wszystko to odbija się na naszej osobowości. Chociaż zawsze mamy możliwość wyboru. Nazywany wolną wolą, jest warunkiem wolności wszystkich istot i należy go szanować. Wolę wybrać swoją ścieżkę, ale muszę też ponieść konsekwencje. Pamiętaj, otrzymaliśmy tylko to, co zasadziliśmy. Dlatego nazywacie to dobrym drzewem, to takie, które wydaje dobre owoce.

Rodzimy się z predyspozycjami do dobra, ale często środowisko wyrządza nam krzywdę. Dziecko w stanie ucisku i nędzy nie rozwija się tak samo, jak dziecko zamożne. Nazywa się to nierównością społeczną, w której niewielu ludzi ma dużo pieniędzy, a wielu jest biednych. Nierówność jest wielkim złem świata. Jest to wielka niesprawiedliwość, która przynosi cierpienie i szkody mniej uprzywilejowanej części populacji. Myślę, że potrzebujemy więcej polityk integracji społecznej. Potrzebujemy pracy, dochodów i możliwości. Myślę, że dobroczynność to wspaniały akt miłości, ale myślę, że takie życie jest upokarzające. Potrzebujemy pracy i godziwych warunków do życia. Musimy mieć nadzieję na lepsze dni. Jak dobrze jest kupować za naszą pracę i nie być dyskryminowanym. Musimy mieć szansę dla każdego, bez jakiejkolwiek dyskryminacji. Potrzebujemy pracy dla czarnych, rdzennych mieszkańców, kobiet, homoseksualistów, transseksualistów, a przynajmniej dla wszystkich.

Myślę, że wyjściem z nowego modelu zrównoważonego rozwoju byłaby wspólna praca elity z rządem. Mniej podatków, więcej zachęt finansowych, mniej biurokracji pomogłyby zmniejszyć nierówności. Dlaczego ktoś potrzebuje miliardów na swoim koncie bankowym? Jest to całkowicie niepotrzebne, nawet jeśli jest to owoc Twojej pracy. Musimy opodatkować wielkie fortuny. Musimy również ściągać długi pracownicze i podatkowe dużych firm, aby wygenerować dywidendy.

Po co uprzywilejowywać bogatą klasę? Wszyscy jesteśmy obywatelami z prawami i obowiązkami. Jesteśmy tacy sami wobec prawa, ale w rzeczywistości jesteśmy nierówni.

Prawo powrotu

Czas udręki.

Kiedy nadejdzie czas udręki i wydaje się, że wszyscy niesprawiedliwi rozkwitają, bądźcie pewni. Wcześniej czy później upadną, a sprawiedliwi zwyciężą. Drogi Jahwe są nieznane, ale są prawe i mądre, On was nigdy nie opuści, chociaż świat was potępia. Robi to, aby jego nazwa była utrwalana z pokolenia na pokolenie.

Stosunek zbioru roślin

Wszystko, co robisz na ziemi dla siebie, jest zapisane w księdze życia. Każda rada, darowizna, oddelegowanie, pomoc finansowa, miłe słowa, komplementy, współpraca między innymi w dziełach charytatywnych to krok w kierunku dobrobytu i szczęścia. Nie myśl, że pomaganie drugiemu jest największym dobrem dla tych, którzy mają pomoc. Wręcz przeciwnie, twoja dusza jest najkorzystniejsza z twoich czynów i możesz dostać wyższe loty. Miej w sobie świadomość, że nic nie jest za darmo, dobro, które dziś otrzymaliśmy, zasiewamy w przeszłości. Czy widziałeś kiedyś dom utrzymujący się samoczynnie bez fundamentu? Tak też dzieje się z każdym z naszych działań.

Dać czy nie dać jałmużny?

Żyjemy w świecie okrutnym i pełnym oszustów. Często zdarza się, że ludzie o dobrych warunkach finansowych proszą o jałmużnę w celu wzbogacenia się, ukryty akt kradzieży, który wysysa i tak już skąpą pensję pracowników. W obliczu tej codziennej sytuacji wielu odmawia pomocy w obliczu prośby o jałmużnę. Czy to najlepsza opcja?

Najlepiej przeanalizować każdy przypadek z osobna, poczuć intencję danej osoby. Na ulicy są niezliczone plagi, nie ma sposobu, aby wszystkim pomóc, to prawda. Ale kiedy twoje serce na to pozwala, pomóż. Nawet jeśli jest to oszustwo, grzech będzie w zamiarze drugiej osoby. Wykonaliście swoją część, przyczyniając się do powstania mniej nierównego i bardziej humanitarnego świata. Gratulacje.

Akt nauczania i uczenia się

Żyjemy w świecie pokuty i prób, w świecie w ciągłych zmianach. Aby dostosować się do tego środowiska, znajdujemy się w bogatym procesie nauczania i uczenia się, który znajduje odzwierciedlenie we wszystkich środowiskach. Skorzystaj z okazji, wchłoń dobre rzeczy i zaprzeczaj złym, aby twoja dusza mogła ewoluować na ścieżce prowadzącej do ojca.

Zawsze bądź wdzięczny. Dziękuj Bogu za swoją rodzinę, przyjaciół, towarzyszy podróży, nauczycieli życia i wszystkich, którzy w ciebie wierzą. Oddaj wszechświatowi część swojego szczęścia, będąc apostołem dobra. Naprawdę warto.

Jak postępować w obliczu zdrady

Uważaj na ludzi, nie ufaj tak łatwo. Fałszywi przyjaciele nie zastanowią się dwa razy i ujawnią swój sekret każdemu. Kiedy to nastąpi, najlepiej jest cofnąć się i umieścić rzeczy na właściwych miejscach. Jeśli możesz i wystarczająco się rozwinąłeś, wybacz. Przebaczenie uwolni twoją duszę od urazy, a wtedy będziesz gotowy na nowe doświadczenia. Przebaczenie nie oznacza zapomnienia, ponieważ gdy już złamiesz zaufanie, nie wrócisz.

Pamiętaj o prawie powrotu, które jest najuczciwszym prawem ze wszystkich. Wszystko, co zrobisz źle, zwróci się z odsetkami do zapłacenia. Nie martw się więc krzywdą, jaką ci wyrządzili, będziesz przy swoich wrogach, a Bóg będzie działał sprawiedliwie, dając ci to, na co wszyscy zasługują.

Miłość rodzi więcej miłości.

Błogosławiony, który doświadczył miłości lub namiętności. Jest to najbardziej wzniosłe uczucie, które obejmuje dawanie, wyrzeczenie, poddanie się, zrozumienie, tolerancję i oderwanie się od materii. Jednak nie zawsze mamy uczucie odwzajemnienia się przez ukochaną osobę i wtedy pojawia się ból i konsternacja. Jest czas potrzebny, aby go zważyć i uszanować ten okres. Kiedy poczujesz się lepiej, idź dalej i nie żałuj niczego. Pokochałeś to, a w nagrodę Bóg wskaże drugiej osobie, że ona też pójdzie naprzód. Istnieje duże prawdopodobieństwo, że zostanie odrzucona przez innych, aby zapłacić za spowodowane cierpienie. To ponownie uruchamia błędne koło, w którym nigdy nie mamy kogoś, kogo naprawdę kochamy.

Działaj w imieniu ubogich, wykluczonych i podwładnych.

Staraj się pomagać bezdomnym, sierotom, prostytutkom, opuszczonym i niekochanym. Twoja nagroda będzie wielka, ponieważ nie mogą odwdzięczyć się za twoją dobrą wolę.

W firmie, szkole, rodzinie i społeczeństwie ogólnie traktują wszystkich równorzędnie, niezależnie od ich klasy społecznej, religii, pochodzenia etnicznego, wyborów seksualnych, hierarchii czy jakiejkolwiek specyfiki. Tolerancja to dla ciebie wielka cnota, że masz dostęp do najwyższych niebiańskich dworów.

Ostateczna wiadomość

Cóż, taką wiadomość chciałem przekazać. Mam nadzieję, że te kilka linijek oświeci twoje serce i uczyni cię lepszą osobą. Pamiętaj: zawsze jest czas, aby się zmienić i czynić dobro. Dołącz do nas w tym łańcuchu dobra dla lepszego świata. Do zobaczenia w następnej historii.

Ścieżka dobrego samopoczucia

Ścieżka

Człowiek w całej swojej świadomości ma dwa wymiary, które należy obserwować: sposób, w jaki widzi siebie i sposób, w jaki jest postrzegany przez społeczeństwo. Największym błędem jest to, że może popełnić próbę dopasowania się do standardu społeczeństwa takiego jak nasz. Żyjemy w świecie, który jest w większości pełen uprzedzeń, nierówności, tyranii, okrutnego, złego, pełnego zdrad, fałszu i materialnych złudzeń. Przyjmowanie dobrych nauk i bycie autentycznym to najlepszy sposób na poczucie akceptacji siebie.

Uczenie się i lepsze poznanie siebie, poleganie na dobrych wartościach, lubienie siebie i innych, docenianie rodziny i praktykowanie działalności charytatywnej to sposoby na osiągnięcie sukcesu i szczęścia. Na tej trajektorii będą upadki, zwycięstwa, smutki, szczęście, chwile wytchnienia, wojna i pokój. Najważniejsze w tym wszystkim jest, abyś miał wiarę w siebie i większą siłę, niezależnie od tego, w co wierzysz.

Konieczne jest pozostawienie za sobą złych wspomnień i kontynuowanie życia. Bądźcie pewni, że Jahwe Bóg przygotowuje dobre niespodzianki, dzięki którym poczujecie prawdziwą przyjemność życia. Miej optymizm i wytrwałość.

Drogi do Boga

Jestem synem ojca, który przybył, aby pomóc temu wymiarowi w prawdziwie konsekwentnej ewolucji. Tutaj, kiedy przybyłem, zastałem ludzkość całkowicie pomieszaną i odwróconą od głównego celu mojego ojca, jakim było jej stworzenie. Dziś to, co najczęściej widzimy, to małostkowi, samolubni, niewierzący ludzie Boży, rywalizujący, chciwi i zazdrośni. Współczuję tym ludziom i staram się im pomóc najlepiej jak potrafię. Na swoim przykładzie mogę pokazać cechy, które mój ojciec naprawdę chce, aby pielęgnowali: solidarność, zrozumienie, współpraca, równość, braterstwo, towarzystwo, miłosierdzie, sprawiedliwość, wiara, szpony, wytrwałość, nadzieja, godność, a przede wszystkim miłość między istotami.

Innym poważnym problemem jest ludzka duma z przynależności do bardziej uprzywilejowanej grupy lub klasy. Mówię Ci; to nie jest żółć przed Bogiem. Mówię wam, że macie otwarte ramiona i serca, aby przyjąć swoje dzieci bez względu na rasę, kolor skóry, religię, klasę społeczną, orientację seksualną, partię polityczną, region czy jakąkolwiek specyfikę. Wszyscy są równi w sprawach przed ojcem. Jednak niektórym bardziej przydaje się ich praca i przyjemna dusza.

Czas biegnie szybko. Nie przegap więc okazji do współpracy na rzecz lepszego i bardziej sprawiedliwego wszechświata. Pomóż cierpiącym, chorym, biednym, przyjaciołom, wrogom, znajomym, nieznajomym, rodzinie, nieznajomym, mężczyznom i kobietom, dzieciom, młodym i starszym, krótko mówiąc, pomagaj bez spodziewania się zemsty. Wielka będzie wasza nagroda przed ojcem.

Dobrzy mistrzowie i uczniowie

Żyjemy w świecie pokuty i dowodów. Jesteśmy istotami współzależnymi, którym brakuje uczucia, miłości, zasobów materialnych i uwagi. Każdy z nich przez całe życie zdobywa doświadczenie i przekazuje coś dobrego najbliższym. Ta wymiana jest niezbędna do osiągnięcia stanu pełnego spokoju i szczęścia. Zrozumienie własnego, zrozumienie bólu innych, działanie na rzecz sprawiedliwości, przekształcanie pojęć i doświadczenie wolności, jaką daje wiedza, jest bezcenne. To dobrze, że nikt nie może ci ukraść.

W swoim życiu miałem wspaniałych nauczycieli: mojego duchowego i cielesnego ojca, moją matkę z jej słodyczą, nauczycieli, przyjaciół, rodzinę w ogóle, znajomych, współpracowników, opiekuna, Anioła, Hindusa, kapłankę, Renato (mój partner przygód) Philip Andrews (Człowiek naznaczony tragedią), tak wiele innych postaci, które swoją osobowością naznaczyły moją historię. W niepowodzeniach historii prowadziłem w swoich książkach mentorów dla moich siostrzeńców i całej ludzkości. Dobrze wykonałem obie role i szukam swojej tożsamości. Kluczem do pytania jest pozostawienie dobrego nasienia, jak powiedział Jezus: sprawiedliwi będą świecić jak słońce w królestwie ich ojca.

Dobre praktyki zachowania trzeźwości

Świat można zobaczyć i przyzwyczaić się do niego na różne sposoby. W moim szczególnym przypadku mogłem zachować stabilność po długim czasie wewnętrznego przygotowania duchowego. Z własnego doświadczenia mogę udzielić wskazówek, jak zorientować się w obliczu niestałości życia: nie pij alkoholu, nie pal, nie używaj narkotyków, nie pracuj, zajmij się przyjemnymi zajęciami, wychodź z przyjaciółmi, chodzić, podróżować w dobrym towarzystwie, dobrze się odżywiać i ubierać, kontaktować się z naturą, uciec od pośpiechu i animacji, odpocząć, słuchać muzyki, czytać książki, wypełniać obowiązki domowe, być wiernym swoim wartościom i przekonaniom, szanować starszych dbajcie o naukę młodszych, bądźcie pobożni, wyrozumiali i tolerancyjni, zbierzcie się do swojej grupy duchowej, módlcie się, miejcie wiarę, a nie tematy. W jakiś sposób los otworzy przed tobą dobre drzwi, a potem odnajdzie drogę. Życzę wszystkim dużo szczęścia.

Wartość w przykładzie

Człowiek odbija się w jego pracach. To mądre powiedzenie pokazuje dokładnie, jak musimy postępować, aby osiągnąć błogość. Nie ma sensu mieć utrwalonych wartości dla człowieka, jeśli nie wprowadza ich w życie. Potrzebujemy bardziej niż dobrych intencji utrwalonych postaw, aby świat mógł ulec przemianie.

Uczucie we wszechświecie

Naucz się poznawać siebie, bardziej cenić siebie i współpracować dla dobra innych. Wiele z naszych problemów wynika z naszych lęków i niedociągnięć. Znając nasze słabości, możemy je naprawić i planować w przyszłości doskonalenie się jako istota ludzka.

Postępuj zgodnie ze swoją etyką, nie zapominając o prawie tych, którzy są po Twojej stronie. Zawsze bądź bezstronny, uczciwy i hojny. Sposób, w jaki traktujesz świat, będzie oznaczał sukces zemsty, spokój i ciszę. Nie bądź dla siebie zbyt wybredny. Staraj się cieszyć każdą chwilą życia z perspektywy uczenia się. Następnym razem będziesz dokładnie wiedzieć, jak się zachować.

Czując się bosko

Nic nie jest przypadkowe i wszystko, co istnieje we wszechświecie, ma swoje znaczenie. Ciesz się darem życia, możliwością oddychania, chodzenia, pracy, oglądania, przytulania, całowania i okazywania miłości. Nikt nie jest odosobnionym kawałkiem; jesteśmy częścią biegu wszechświata. Spróbuj wykonać proste ćwiczenia mentalne. W wolnych chwilach idź do swojego pokoju, usiądź na łóżku, zamknij oczy i zastanów się nad sobą i całym wszechświatem. Kiedy się odprężasz, twoje problemy pozostaną w tyle i zauważysz podejście do boskiego połączenia. Spróbuj skupić się na świetle na końcu tunelu. To światło daje ci nadzieję, że można zmienić, wymazać błędy przeszłości, wybaczyć sobie i pogodzić się z wrogami, czyniąc ich przyjaciółmi. Zapomnij o walkach, urazie, strachu i wątpliwościach. To wszystko po prostu przeszkadza. Jesteśmy najbardziej aktywni, kiedy rozumiemy swoją stronę i potrafimy iść dalej. Dziękuję, że jesteś zdrowy i wciąż masz czas na rozwiązanie nierozstrzygniętych problemów.

Jesteśmy synami ojca; zostaliśmy stworzeni, aby pomóc planecie ewoluować, a także być szczęśliwym. Tak, możemy mieć to wszystko, jeśli jesteśmy tego godni. Niektórzy są szczęśliwi samotnie, inni z towarzyszem, inni, angażując się w religię lub wyznanie, a jeszcze inni, pomagając innym. Szczęście jest względne. Nigdy też nie zapominajcie, że będą dni rozpaczy i ciemności i że w tym momencie wasza wiara musi być obecna. W obliczu bólu znalezienie wyjścia jest czasami dość skomplikowane. Jednak mamy Boga, który nigdy nas nie opuszcza, nawet jeśli robią to inni. Porozmawiaj z nim, a wtedy lepiej zrozumiesz.

Zmiana rutyny

Dzisiejszy świat stał się wielkim wyścigiem z czasem o przetrwanie. Często spędzamy więcej czasu w pracy niż z rodziną. Nie zawsze jest to zdrowe, ale staje się konieczne. Weź wolne, aby trochę zmienić swoją rutynę. Wyjdź z przyjaciółmi, współmałżonkiem, chodź do parków, teatrów, wspinaj się po górach, pływaj w rzece lub morzu, odwiedzaj krewnych, chodź do kina, na stadion piłkarski, czytaj książki, oglądaj telewizję, surfuj po Internecie i poznawaj nowe przyjaciele. Musimy zmienić rutynowy pogląd na sprawy. Musimy trochę poznać ten rozległy świat i cieszyć się tym, co zostawił Bóg. Pomyśl, że nie jesteśmy wieczni, że w każdej chwili coś może się wydarzyć, a Ciebie już nie ma wśród nas. Więc nie zostawiaj na jutro tego, co możesz zrobić dzisiaj. Na koniec dziękuję za możliwość przeżycia. To największy prezent, jaki otrzymaliśmy.

Światowe nierówności a sprawiedliwość

Żyjemy w szalonym, konkurencyjnym i nierównym świecie. Dominuje poczucie bezkarności, beznadziejności, chciwości i obojętności. Wszystko, czego Jezus nauczał w przeszłości przez większość czasu, nie jest wprowadzane w życie. Więc po co mu tak ciężko walczyć o lepszy świat, jeśli go nie cenimy?

Bez wysiłku można powiedzieć, że rozumiesz ból drugiej osoby, czasami okazujesz solidarność i współczucie, widząc obraz w Internecie lub nawet na ulicy przed opuszczoną osobą nieletnią. Trudno jest mieć nastawienie i próbować zmienić tę historię. Niewątpliwie nędza świata jest bardzo wielka i nie mamy sposobu, aby wszystkim pomóc. Bóg nie zażąda tego od ciebie na rozprawie. Jeśli jednak możesz przynajmniej pomóc, twój sąsiad będzie już spory. Ale kto jest nasz następny? To twój bezrobotny brat, to twój smutny sąsiad, który stracił żonę, to jego współpracownik potrzebujący twojego przewodnictwa. Każdy twój akt, choćby mały, liczy się w aspekcie ewolucji. Pamiętaj: jesteśmy tym, czym są nasze prace.

Zawsze staraj się pomóc. Nie będę żądał twojej doskonałości; to jest coś, czego nie ma na tym świecie. Chcę, żebyś kochał swojego bliźniego, mojego ojca i siebie. Jestem tutaj, aby ponownie wam pokazać, jak wielka jest moja miłość do ludzkości, mimo że na to nie zasługuje. Cierpię bardzo z powodu ludzkiej nędzy i spróbuję użyć jej jako narzędzia mojej dobrej woli. Potrzebuję jednak Twojej zgody, aby móc działać w Twoim życiu. Czy jesteś gotowy, aby naprawdę żyć wolą moją i mojego ojca? Odpowiedź na to pytanie będzie ostatecznym kamieniem milowym w jej istnieniu.

Moc muzyki

Coś bardzo relaksującego i co bardzo polecam dla osiągnięcia spokoju i ewolucji człowieka, to słuchanie muzyki. Poprzez tekst i melodię nasz umysł wędruje i dokładnie czuje, przez co chce przejść autor. Często uwalnia nas to od wszelkiego zła, które nosimy w ciągu dnia. Presja społeczeństwa jest tak wielka, że często uderzają nas negatywne i zazdrosne myśli innych. Muzyka uwalnia nas i pociesza, całkowicie oczyszczając nasze umysły.

Mam eklektyczny gust muzyczny. Lubię rock, funk, brazylijską muzykę popularną, międzynarodową, romantyczną, country lub jakąkolwiek muzykę dobrej jakości. Muzyka mnie inspiruje i często pisząc słyszę je o cichych upodobaniach muzycznych. Zrób to też, a zobaczysz dużą różnicę w jakości swojego życia.

Jak walczyć ze złem

Od upadku wielkiego smoka żyjemy we wszechświecie w dwoistości. Ta rzeczywistość odbija się również tutaj na ziemi. Z jednej strony uczciwi ludzic, którzy chcą żyć i współpracować oraz inni dranie, którzy szukają nieszczęścia innych. Podczas gdy siłą zła jest czarna magia, mocą dobra jest modlitwa. Nie zapomnij polecić się ojcu przynajmniej raz dziennie, aby nie uderzyła cię siła ciemności.

Jak nauczał Jezus, nie bójcie się człowieka, który może odebrać swoje życie swojemu ciału, co może potępić jego duszę. Dzięki wolnej woli możesz po prostu odrzucić atak wrogów. Wybór dobra lub zła należy wyłącznie do Ciebie. Kiedy grzeszysz, nie usprawiedliwiaj się. Rozpoznaj swój błąd i staraj się już więcej nie przegapić.

Postawa, jaką miałem w życiu, całkowicie zmieniła mój stosunek do wszechświata i Boga. Pragnąłem, aby wola Pana spełniła się w moim życiu, a wtedy Duch Święty mógł działać. Odtąd odnosiłem sukcesy i szczęście tylko dlatego, że jestem posłuszny. Dziś żyję w pełnej komunii z moim Stwórcą i cieszę się z tego. Pamiętaj, że to Twój wybór.

Jestem niezrozumiały.

Kim jestem? Skąd się wziąłem? Gdzie ja mam się udać? Jaki jest mój cel? Jestem niezrozumiały. Jestem duchem północy, który wieje stamtąd bez kierunku. Ponadto jestem miłością, wiarą sprawiedliwych, nadzieją dzieci, pomocną dłonią cierpiących, jestem dobrą radą, jestem twoim sumieniem ostrzegającym przed niebezpieczeństwem, jestem tym, który ożywia duszę. Jestem przebaczeniem, jestem pojednaniem, rozumiem i zawsze wierzę w twoje wyzdrowienie, nawet przed grzechem. Jestem drzewkiem Dawida, pierwszym i ostatnim, jestem Bożą opatrznością, która tworzy światy. Jestem małym rozmarzonym pączkiem z północnego wschodu, którego przeznaczeniem jest podbój świata. Co więcej, jestem Boski dla najbardziej intymnych, widzących lub po prostu synem Bożym z mocy prawa. Zszedłem na rozkaz mojego ojca, aby ponownie ocalić ich przed ciemnością. Przede mną nie ma władzy, autorytetu ani władzy królewskiej, bo jestem Królem Królów.

Jestem Bogiem niemożliwego, które może zmienić twoje życie. Zawsze w to wierz.

Doświadczanie problemów

Będąc boskim, mogę zrobić wszystko iw ludzkiej postaci żyję ze słabościami jak każda inna. Urodziłem się w świecie ucisku, biedy, trudności i obojętności. Rozumiem twój ból jak nikt inny. Co więcej, głęboko w twojej duszy widzę twoje wątpliwości i strach przed tym, co może nadejść. Świadomy tego, dokładnie wiem, jak najlepiej stawić im czoła.

Jestem twoim najlepszym przyjacielem, tym, który jest przy tobie co godzinę. Możemy się nie znać lub nie jestem obecny fizycznie, ale potrafię działać poprzez ludzi i ducha. Chcę tego, co najlepsze w Twoim życiu. Nie buntuj się i nie rozumiej przyczyny niepowodzenia. Powodem jest to, że coś jest przygotowane na coś lepszego, coś, czego nigdy sobie nie wyobrażałeś. Nauczyłem się tego z własnego doświadczenia. Przeżyłem intensywną chwilę rozpaczy, w której żadna żywa istota mi nie pomogła. Niemal całkowitego zużycia, mój ojciec uratował mnie i okazał swoją ogromną miłość. Chcę się odwdzięczyć i zrobić to samo reszcie ludzkości.

Wiem dokładnie, co się dzieje w Twoim życiu. Co więcej, czasami wiem, że wydaje mi się, że nikt cię nie rozumie, i po prostu czujesz się, jakbyś był sam. W takich chwilach szukanie logicznego wyjaśnienia nie pomaga. Prawda jest taka, że istnieje duża różnica między miłością ludzką a moją. Podczas gdy ten pierwszy jest prawie zawsze zaangażowany w grę zainteresowań, moja miłość jest wzniosła i najwyższa. Wychowałem cię, zapewniłem ci dar życia i każdego dnia świtam u twego boku przez mojego anioła. Zależy mi na tobie i twojej rodzinie. Co więcej, jest mi bardzo przykro, kiedy cierpisz, i to jest odrzucane. Wiedz, że we mnie nigdy nie dostaniesz negatywu. W międzyczasie proszę o zrozumienie moich planów i zaakceptowanie ich. Stworzyłem cały wszechświat i najlepiej wiem więcej niż wy. Niektórzy nazywają to celem lub przeznaczeniem. O ile wszystko wydaje się złe, wszystko ma sens i zmierza do sukcesu, jeśli zasługujesz na to.

Jest wśród was ktoś, kto kochał i kocha. Moja wieczna miłość nigdy nie przeminie. Moja miłość jest pełna i nie ma żadnych wymagań. Miej tylko skonsolidowane wartości dobrego człowieka. Nie chcę umieszczać we mnie słów nicnawiści, rasizmu, uprzedzeń, niesprawiedliwości czy pogardy. Nie jestem tym Bogiem, którego malują. Jeśli chcesz mnie poznać, ucz się od moich dzieci. Pokój i dobro dla wszystkich.

W pracy

To niedobrze, że mężczyzna ma wolny umysł. Jeśli będziemy kultywować lenistwo, nie przestaniemy myśleć o problemach, niepokoju, lękach, naszym wstydzie, rozczarowaniach, cierpieniach i niestałości teraźniejszości i przyszłości. Bóg pozostawił człowiekowi dziedzictwo pracy. Oprócz tego, że jest kwestią przetrwania, praca wypełnia naszą najgłębszą pustkę. Poczucie bycia użytecznym dla siebie i dla społeczeństwa jest wyjątkowe.

Możliwość wykonywania pracy, rozwoju zawodowego, umacniania relacji przyjaźni i uczuć oraz ewolucji jako istoty ludzkiej jest wielkim darem, będącym wynikiem ich bardziej czułych wysiłków. Ciesz się tym w czasach kryzysu. Ilu ojców i matek nie chciało być na twoim miejscu? Rzeczywistość w naszym kraju to rosnące bezrobocie, nierówności, bezmyślność, obojętność i obojętność polityczna.

Zrobić swoją rolę. Utrzymuj zdrowe środowisko w pracy, w której spędzasz większość dnia. Jednak nie miej tak wielkich oczekiwań i nie myl rzeczy. Znajomych zwykle w życiu i pracy spotyka się tylko kolegów, z wyjątkiem nielicznych wyjątków. Ważne jest, aby ściśle przestrzegać swoich obowiązków, które obejmują obecność, punktualność, punktualność, skuteczność, odpowiedzialność i poświęcenie. Bądź przykładem zachowania w awarii i poza nią.

Podróżny

Bóg jest wspaniały, potężny i niezrównany. Ze względu na swoją wielką miłość chciał tworzyć rzeczy i poprzez jego słowo istniały. Wszystkie rzeczy materialne, niematerialne, widzialne i niewidzialne przynoszą chwałę Stwórcy. Wśród tych rzeczy jest mężczyzna. Uważany za maleńki punkt we wszechświecie, może widzieć, czuć, wchodzić w interakcje, postrzegać i urzeczywistniać. Jesteśmy tu, aby być szczęśliwym.

Skorzystaj z możliwości, jakie daje ci życie i poznaj trochę tego wszechświata. Będziesz oczarowany małymi i dużymi dziełami przyrody. Poczuj świeże powietrze, morze, rzekę, las, góry i siebie. Zastanów się nad swoimi postawami i doświadczeniami przez całe życie. Uwierz mi, to zapewni ci jakość życia i poczucie nieopisanego spokoju. Bądź teraz szczęśliwy. Nie zostawiaj tego na później, ponieważ przyszłość jest niepewna.

Poszukiwanie praw

Bądź pełnoprawnym obywatelem i całkowicie przestrzegaj swoich praw. Dokładnie poznaj swoje obowiązki i obowiązki. Jeśli zostaną naruszone, możesz dochodzić zadośćuczynienia w sądzie. Nawet jeśli twoja prośba nie zostanie spełniona, twoje sumienie będzie czyste i gotowe do działania. Pamiętaj, że jedyną sprawiedliwością, która nie zawodzi, jest boskość i przy właściwych postawach twoje błogosławieństwo nadejdzie.

Wierz w pełną miłość.

Obecnie żyjemy w świecie zdominowanym przez zainteresowanie, niegodziwość i brak zrozumienia. De motywujące jest uświadomienie sobie, że to, czego naprawdę dla nas chcemy, nie istnieje lub jest absolutnie rzadkie. Wraz z dewaluacją bytu i prawdziwą miłością zabrakło nam alternatyw. Cierpiałem wystarczająco z powodu wyzwań życiowych, iż mojego doświadczenia wciąż wierzę w nadzieję, nawet jeśli być może odległą. Wierzę, że na innym planie jest duchowy ojciec, który obserwuje wszystkie nasze czyny. Jego prace przez całą karierę będą akredytować przyszłe szczęście u boku wyjątkowej osoby. Bądź optymistą, wytrwałym i miej wiarę.

Wiedza, jak zarządzać związkiem

Miłość jest Boska. Będąc tym uczuciem rozumianym jako pragnienie dobrego samopoczucia drugiej osoby. Aby osiągnąć ten etap, musisz wiedzieć. Wiedza urzeka, odczarowuje lub jest bezpostaciowa. Umiejętność radzenia sobie z każdym z tych etapów jest zadaniem dobrego administratora. Używając figury językowej, uczucie można porównać do rośliny. Jeśli będziemy go często podlewać, będzie rosnąć i dawać dobre owoce i kwiaty. Jeśli nią gardzimy, usycha, rozkłada się i kończy. Bycie w związku może być czymś pozytywnym lub negatywnym, w zależności od tego, z kim jesteśmy. Wspólne życie we dwoje to wielkie wyzwanie współczesności. Teraz sama miłość nie wystarczy, aby utrwalić związek, jest czymś, co obejmuje szersze czynniki. Jest jednak potężnym schronieniem w czasach udręki i rozpaczy.

Masaż

Masaż to świetne ćwiczenie, które można wykonać. Kim jest odbiorca mający okazję doświadczyć przyjemności płynącej z rozluźnienia mięśni? Należy jednak uważać, aby nie wyolbrzymiać proporcjonalności tarcia między rękami a obrabianym obszarem. Możesz to jeszcze lepiej wykorzystać, gdy dochodzi do wymiany między dwojgiem kochających się ludzi.

Przyjęcie wartości moralnych

Dobre przewodnictwo jest niezbędne, aby rozwinąć zmysł zdolny do nawiązania szczerych, realistycznych, przyjemnych i prawdziwych więzi. Jak to się mówi, rodzina jest podstawą wszystkiego. Jeśli w nim jesteśmy dobrymi rodzicami, dziećmi, braćmi i towarzyszami, będziemy również poza nim.

Praktykuj etykę wartości, które mogą skierować cię na ścieżkę dobrego samopoczucia. Zawsze z szacunkiem myśl o sobie, ale także o prawach drugiej osoby. Staraj się być szczęśliwy, nawet jeśli twój umysł cię osłabia i zniechęca. Nikt tak naprawdę nie wie, co się stanie, jeśli nie zaczną działać i nie próbować. Najbardziej, co może się zdarzyć, to porażka, a oni zostali stworzeni, aby nas szkolić i uczynić z nas prawdziwych zwycięzców.

Mając ducha prawdziwego przyjaciela

Kiedy Jezus był na ziemi, zostawił nam wzór postępowania i przykład do naśladowania. Jego największym aktem było oddanie krzyża za nasze grzechy. W tym tkwi wartość prawdziwej przyjaźni, oddając swoje życie drugiemu człowiekowi. Kto naprawdę w twoim życiu zrobiłby to dla ciebie? Dobrze się przyjrzyj. Jeśli Twoja odpowiedź jest pozytywna, doceń tę osobę i szczerze ją kochaj, ponieważ takie uczucie jest rzadkie. Nie niszcz tego związku za nic. Odwzajemnijcie się uczynkami i słowami odrobinę tej wielkiej miłości i bądźcie szczęśliwi.

Działania, których należy przestrzegać.

1. Rób innym to, co chcesz, aby ci zrobili. Obejmuje to bycie przyjaznym, miłosiernym, uprzejmym, hojnym i staraniem się nie krzywdzić innych. Nie masz wymiaru tego, co to znaczy cierpieć z powodu niewłaściwych słów. Używaj tej mocy tylko po to, aby zapewnić innym dobro i pocieszenie, ponieważ nie wiemy, jaki los nas czeka.
2. Bądź wrogiem kłamstwa i zawsze, choć z prawdą. Mimo wszystko lepiej jest wyznać wszystko, co się wydarzyło. Nie usprawiedliwiaj się ani nie łagodź wiadomości. Wyraźnie.
3. Nie kradnij drugiemu tego, co jest drugiemu i nie wchodź na drogę innym. Postępuj uczciwie w kwestii płatności i odpowiedzialności. Nie kultywujcie z innymi zazdrości, oszczerstw ani fałszu.
4. Wszyscy jesteśmy częścią całości znanej jako Bóg, przeznaczenie lub kosmiczna świadomość. Aby zachować harmonię, współudział i komunię w związku, potrzebny jest ogromny wysiłek, aby trzymać się z dala od rzeczy tego świata. Zawsze ćwicz dobrze, a twoja ścieżka będzie stopniowo prowadziła do niebiańskiego ojca. Jak już mówiłem, niczego się nie bój. W przeciwieństwie do tego, co maluje wiele religii, mój ojciec nie jest katem ani fanatykiem, wywyższa miłość, tolerancję, hojność, równość i przyjaźń. Każdy ma swoje miejsce w moim królestwie, jeśli na nie zasłuży.
5. Miej proste i bezpieczne życie. Nie gromadź dóbr materialnych bez konieczności i nie poddawaj się ekstrawagancjom. Wszystko musi być w odpowiedniej mierze. Jeśli jesteś bogaty lub zamożny,

zawsze praktykuj sztukę darowizny i dobroczynności. Nie wiesz, ile dobrego to przyniesie.
6. Utrzymuj ciało, duszę i serce w czystości. Nie ulegaj pokusie pożądania, obżarstwa czy lenistwa.
7. Pielęgnuj optymizm, miłość, nadzieję, wiarę i wytrwałość. Nigdy nie porzucaj marzeń.
8. Zawsze, gdy możesz zaangażować się w projekty społeczne. Każde działanie na rzecz uprzywilejowanych nieletnich zwiększy ich skarb w niebie. Wolę to od władzy, pieniędzy, wpływów lub statusu społecznego.
9. Przyzwyczaj się do doceniania kultury w jej różnych przejawach. Zwiedzaj z przyjaciółmi, kino, teatr i czytaj inspirujące książki. Magiczny świat literatury to bogaty i różnorodny świat, który dostarczy Ci mnóstwa rozrywki.
10. Medytuj i rozważaj swoją teraźniejszość i przyszłość. Przeszłość nie ma już znaczenia i nawet jeśli twój grzech jest tak szkarłatny, mógłbym przebaczyć i pokazać ci moją prawdziwą miłość.

Dbaj o karmienie.

Dbanie o nasze ciało jest niezbędne do dobrego życia. Jedną z podstawowych i wielu ważnych pozycji jest jedzenie. Stosowanie zbilansowanej diety to najlepszy sposób na uniknięcie chorób. Nabierz zdrowych nawyków i jedz pokarmy bogate w witaminy, minerały, błonnik i białka. Ważne jest również, aby jeść tylko to, co jest niezbędne do przeżycia, unikając marnotrawstwa.

Wskazówki dotyczące długiego i dobrego życia

1. Zawsze utrzymuj aktywność ciała i umysłu.
2. Randki.
3. Pielęgnuj swoją wiarę w innych.
4. Posiadać solidne i hojne wartości współżycia społecznego.
5. Jedz umiarkowanie.
6. Miej odpowiednią rutynę ćwiczeń.

7. Śpij dobrze.
8. Bądź rozsądny.
9. Obudź się wcześnie.
10. Dużo podróżuj.

Taniec

Taniec jest ćwiczeniem krytycznym dla dobrego samopoczucia jednostki. Pomaga w walce ze starzeniem się, problemami z plecami i poruszaniem się, zwiększa pozytywność. Integracja z każdą melodią nie zawsze jest łatwym, ale przyjemnym i satysfakcjonującym zadaniem. Miej nawyk w tym ćwiczeniu i staraj się być szczęśliwy.

Post

Post jest stosowny w święta lub wtedy, gdy obiecujemy pomóc duszom, które mają kłopoty w świecie duchów. Jednak po zakończeniu zaleca się ponowne zestawienie sił poprzez spożycie zdrowej i różnorodnej żywności.

Pojęcie Boga

Bóg nie zaczął i nie będzie miał końca. Jest wynikiem zjednoczenia twórczych sił dobra. Jest obecna we wszystkich dziełach jego stworzenia, komunikując się z nimi poprzez mentalny proces refleksyjny, co wielu nazywa „Wewnętrzną Jaźnią".

Boga nie da się zdefiniować ludzkimi słowami. Ale gdybym mógł, powiedziałbym, że jest to miłość, braterstwo, dawanie, dobroczynność, sprawiedliwość, miłosierdzie, zrozumienie, sprawiedliwość i tolerancja. Bóg jest gotów przyjąć go do swojego królestwa, jeśli na to zasługujesz. Pamiętaj o czymś krytycznym: masz prawo odpocząć w królestwie niebieskim tylko ten, kto odpoczął od twoich uczynków, twoich braci.

Kroki doskonalenia

Ziemia jest światem pokuty i dowodów na postęp. Ten etap naszego istnienia musi być naznaczony naszymi dobrymi uczynkami, abyśmy mogli przeżyć satysfakcjonujący wymiar duchowy. Osiągając pełnię doskonałości, istota ludzka staje się częścią wymiaru kosmicznego lub po prostu konceptualizowana jako Bóg.

Charakterystyka umysłu

1. Dobre pragnienie powinno być wspierane i skutecznie wprowadzane w życie.
2. Myśl jest twórczą siłą, którą należy uwolnić, aby mógł rozkwitnąć twórczy duch.
3. Sny są oznakami tego, jak widzimy świat. Mogą to być również wiadomości od bogów opowiadające przyszłość. Aby jednak osiągnąć konkretne rezultaty, konieczne jest pozostanie w rzeczywistości.
4. Wszyscy, którzy szukają ewolucji, muszą wypracować rozeznanie, wiedzę i oderwanie się od rzeczy materialnych.
5. Poczucie części wszechświata jest wynikiem procesu doskonalenia i świadomości. Dowiedz się, jak rozpoznać swój wewnętrzny głos.

Jak mam się czuć?

Dziękuję za dar życia i za wszystko, co dał ci twój ojciec. Każde osiągnięcie, codzienne życie musi być celebrowane tak, jakby nie było innego. Nie umniejszaj sobie i wiedz, jak rozpoznać swoją rolę w wymiarze kosmosu. Moi rodzice widzą ich z wyrazem wielkości, pomimo ich ograniczeń i niedowierzania. Uczyń siebie godnym dobrych rzeczy.

Bądź jak mały marzyciel z głębi wyspy Pernambuco, znany jako Boski. Pomimo wszystkich wyzwań i trudności, jakie stawia mu życie, nigdy nie przestał wierzyć w większą siłę i swoje możliwości. Zawsze wierz w nadzieję, ponieważ Bóg nas kocha i chce dla nas tego, co najlepsze. Jednak spróbuj odegrać swoją rolę w tym procesie. Bądź aktywny w swoich projektach i marzeniach. Żyj w pełni każdym krokiem, a jeśli się nie powiedzie, nie zniechęcaj się. Zwycięstwo nadejdzie, gdy zasłużysz.

Rola edukacji

Jesteśmy istotami gotowymi do ewolucji. Od poczęcia, dzieciństwa, a nawet włączenia do samej szkoły możemy uczyć się i odnosić się do innych. Ta interakcja ma kluczowe znaczenie dla naszego ogólnego rozwoju. W tym momencie nauczyciele, rodzice, przyjaciele i wszyscy, których znamy, odgrywają kluczową rolę w budowaniu osobowości. Musimy wchłonąć dobroczynne rzeczy i odrzucić złe, krocząc właściwą ścieżką ku ojcu.

Wniosek

Zamykam tutaj te pierwsze teksty poszukujące poznania religii. Mam nadzieję, że z mojego punktu widzenia przyswoiliście sobie dobre nauki i jeśli to pomoże, nawet jeśli jest to tylko osoba, to również dam, biorąc pod uwagę poświęcony czas. Uścisk dla wszystkich, sukces i szczęście.

Zwycięstwo wiarą

Zwycięstwo nad wrogami duchowymi i cielesnymi

Tak mówi Jahwe: "Sprawiedliwym, tym, którzy słusznie przestrzegają moich przykazań, praktykując codzienną sztukę dobrą, obiecuję stałą ochronę przed moimi wrogami. Nawet jeśli rzuci się na ciebie mnóstwo lub całe piekło, nie będziesz się bał zła. bo cię podtrzymuję. Na moje imię dziesięć tysięcy padnie po twojej prawej stronie, a sto mnie po twojej lewej stronie, ale nic ci się nie stanie, bo imię moje jest Pan.

Ta emblematyczna wiadomość od Boga wystarczy, aby nas uspokoić w obliczu gniewu wrogów w każdej sytuacji. Jeśli Bóg jest z nami, kto będzie przeciwko nam? W rzeczywistości nigdzie we wszechświecie nie ma nikogo większego od Boga. Wszystko, co jest zapisane w księdze życia, wydarzy się i na pewno twoje zwycięstwo nadejdzie, bracie. Triumf niesprawiedliwych staje się słomą, ale pszenica pozostanie na zawsze. Więc miejmy więcej wiary.

Relacja człowiek-Bóg

Człowiekowi powierzono zarządzanie ziemią, aby mogła przynosić owoce i prosperować. Jak nauczał nas Jezus, nasza relacja z Bogiem musi być prowadzona od ojca do syna, w wyniku czego nie wstydzimy się zbliżać do Niego, nawet jeśli grzech budzi w nim strach. Jahwe ceni dobre serce, pracowitego człowieka, tego, który zawsze dąży do poprawy, aby mógł podążać ścieżką permanentnej ewolucji.

W momencie grzechu najlepiej zastanowić się, co go spowodowało, aby błąd nie mógł się powtórzyć. Poszukiwanie alternatywnych ścieżek i poszukiwanie nowych doświadczeń zawsze dodaje do naszego programu nauczania, czyniąc nas bardziej przygotowanymi do życia.

Głównym celem tego wszystkiego jest otwarcie swojego życia na działanie Ducha Świętego. Z jego pomocą możemy dojść do poziomu, o którym można powiedzieć, że wiąże się z dobrymi rzeczami. Nazywa się to komunią i jest konieczne, wyzwolone i namiętne, aby można było nią w pełni przeżyć. Rezygnacja z rzeczy ze świata cielesnego i zaprzeczanie złu w tobie są niezbędnymi i skutecznymi warunkami, aby narodzić się ponownie w zmieniającym się świecie. Będziemy zwierciadłem zmartwychwstałego Chrystusa.

Wiara w Jahwe w bólu

Żyjemy w świecie pokuty i dowodu, który nieustannie sprawia nam ból. Cierpimy z powodu utraconej lub nieodwzajemnionej miłości, cierpimy z powodu utraty członka rodziny, cierpimy z powodu problemów finansowych, cierpimy z powodu niezrozumienia drugiego, cierpimy z powodu przemocy spowodowanej ludzką niegodziwością, cierpimy po cichu z powodu naszych słabości, tęsknoty, choroby i strach przed śmiercią, cierpimy z powodu porażek i smutnych dni, kiedy pragniemy zniknąć.

Mój bracie, ponieważ ból jest nieunikniony dla tych, którzy żyją na tym świecie, musimy trzymać się Jahwe i jego syna Jezusa Chrystusa. Ten ostatni jako człowiek odczuwał na skórze wszelkiego rodzaju niepewności, lęki, nieszczęścia, a mimo to nigdy nie zrezygnował z bycia szczęśliwym. Bądźmy też tacy, żyjąc każdego dnia z poczuciem, że możesz zrobić lepiej i mieć szansę na postęp. Sekret polega na tym, aby zawsze iść naprzód i prosić Go o pomoc w noszeniu naszych krzyży. Wszechmocny wynagrodzi twoją szczerość i nawrócenie oraz przekształci twoje życie w morze rozkoszy. Nie chodzi o zapewnienie wykluczenia bólu, ale o umiejętność wspólnego życia w taki sposób, aby nie wpływały one na nasz dobry nastrój. I tak życie może toczyć się bez większych problemów.

Bycie uczciwym człowiekiem wiary

Prawdziwy chrześcijanin w każdych okolicznościach idzie za przykładem Jezusa. Oprócz podstawowych przykazań masz pojęcie o ewangelii, o samym życiu, o złu i niebezpieczeństwie świata i znasz najlepszy sposób działania. Chrześcijanin musi być przykładem obywatela, ponieważ istnieją zasady, których należy przestrzegać i których należy przestrzegać w życiu społecznym. Jedna rzecz to wiara, a druga to szacunek dla partnera.

Jahwe chce, aby człowiek był także jego obywatelem, a nie tylko światem. W tym celu trzeba być dobrym ojcem, dobrym synem, dobrym mężem, wiernym przyjacielem, sługą oddanym na modlitwie, mężczyzną lub kobietą, która żyje dla pracy, bo bezczynność jest warsztatem diabła. Zaangażowany w sprawę Jahwe, człowiek może zrobić ważny krok w kierunku bycia szczęśliwym i ostatecznie zwycięstwa przez wiarę! Wielkie uściski dla wszystkich i do zobaczenia następnym razem.

Chrystusowie
Misja człowieka

Ziemia została stworzona, aby zamieszkiwać częste życie, a także inne gwiazdy rozproszone po niezliczonych częściach wszechświata. Jahwe Bóg, utrwalona miłość, potrzebną siłą, mocą, słodyczą i łaską do stworzenia ludzi, specjalnych stworzeń, które mają prawo być Jego obrazem i podobieństwem.

Ale fakt, że to ich wizerunek i podobieństwo, nie oznacza, że mają tę samą istotę. Podczas gdy Jahwe posiada wszystkie orzeczenia o doskonałości, człowiek jest z natury wadliwy i grzeszny. W ten sposób Bóg chciał pokazać swoją wielkość, kochał nas tak bardzo, że dał nam wolną wolę, dostarczając kluczowych elementów, abyśmy mogli znaleźć dla siebie drogę szczęścia.

Dochodzimy do wniosku, że doskonałość na ziemi nigdy nie została osiągnięta od zawsze, co obala niektóre starożytne legendy niektórych religii. Żyjemy w tubalności, podstawowym warunku istnienia człowieka.

Teraz pojawia się pytanie: jakie jest znaczenie stworzenia wszechświata i samego życia? Jahwe i jego plany są nieznane większości ludzi, wielu z nich nawet nie zdaje sobie sprawy z tego, co się wokół nich dzieje. Można powiedzieć, że mój ojciec żyje wiecznie, spłodził dwoje dzieci, przedludzki Jezus i Boski, stworzył niebiańskie gwiazdy jako pierwsze z nich zwane „kalenquer". Na tej planecie, z aspektami podobnymi do obecnych na Ziemi, stworzono aniołów, którzy są drugimi w kolejności, w kolejności o uniwersalnym znaczeniu. Potem podróżował po wszechświecie, aby kontynuować tajemnicę stworzenia, pozostawiając swoją władzę w rękach Jezusa, Boskości i Michała (najbardziej oddanego sługi). To było około piętnastu miliardów lat temu.

Od tego czasu do chwili obecnej wszechświat został przekształcony w taki sposób, że początkowe stworzenie nie zostało nawet rozpoznane. Sens życia polegający na współpracy, jedności, miłosierdziu, miłości, darowiznach i wyzwoleniu przekształcił się w spór, zazdrość, fałsz, wrogość, zbrodnię, niszczenie zasobów naturalnych, zamiłowanie do pieniędzy i władzy, indywidualizm i poszukiwanie zwycięstwa na Wszystkie koszty.

Tam właśnie chcę się dostać. Jestem synem duchowego Jahwe i przybyłem na ziemię, aby wypełnić krytyczną misję. Chcę wezwać moich braci do nagrody mojego ojca i do mojego królestwa. Jeśli przyjmiesz moje zaproszenie, obiecuję nieustanne oddanie się Twoim sprawom i najwyższe szczęście. Czego wymaga od ciebie Bóg?

Bądź Chrystusem.

Około dwojga tysiące lat temu ziemia miała przywilej przyjęcia pierworodnego Boga. Znany jako Jezus Chrystus został posłany przez swojego ojca, aby przynieść prawdziwe słowo Boże i odkupić nasze grzechy. Swoim przykładem w ciągu trzydziestu trzech lat życia Jezus wykopał fundamenty doskonałego człowieka, który podoba się Bogu.

Jezus przyszedł, aby wyjaśnić podstawowe kwestie dotyczące relacji człowieka z Bogiem.

Głównym punktem życia Mesjasza był akt odwagi w poddaniu się krzyżowi, służąc jako ofiara za grzeszną ludzkość. „Prawdziwym przyjacielem jest ten, który bez zastrzeżeń oddaje swoje życie za drugiego, a Chrystus był tego żywym przykładem".

Poddanie się, wyrzeczenie się siebie przez brata, przestrzeganie wyraźnych i ukrytych przykazań świętych ksiąg oraz czynienie dobra jest zawsze warunkiem odziedziczenia królestwa Bożego. To jest królestwo Jezusa, moje i wszystkie dusze dobra, każda na swoim miejscu.

Pielęgnuj zdrowe, przyjemne i ludzkie wartości, pomagając w ciągłej ewolucji wszechświata, a będziesz sadzić dobre ziarno ku wiecznemu królestwu. Trzymaj się z dala od złych wpływów i nie wspieraj niektórych swoich praktyk. Wiedz, jak odróżnić dobro od zła. Bądź ostrożny i ostrożny.

Świat, w którym żyjemy, to świat pozorów, w którym warto mieć coś więcej niż tylko być. Zrób to inaczej. Bądź wyjątkiem i doceniaj to, co jest naprawdę warte. Zbieraj skarby na niebie, gdzie złodzieje nie kradną lub ćmy i rdza korodują.

Po tym wszystkim, co zostało powiedziane z dobrym stanowiskiem, zależy to od osobistej refleksji i dokładnej analizy z Twojej strony. To twój wolny wybór, czy zintegrować się z tym królestwem, czy nie, ale jeśli przez przypadek twoja decyzja jest twierdząca, poczuj się objęty przeze mnie i wszystkie siły niebieskie. Uczynimy ten świat lepszym światem, promując na zawsze dobro i pokój. Bądź jednym z „Chrystusów". W przyszłym świecie, jeśli Bóg pozwoli, będziemy razem z ojcem w pełnej harmonii i przyjemności. Do zobaczenia następnym razem. Jahwe jest z wami.

Dwie ścieżki

Wybór

Ziemia jest naturalnym środowiskiem, w którym ludzie mogą ze sobą współdziałać, ucząc się i nauczając zgodnie ze swoimi doświadczeniami. Na mocy wolnej woli człowiek zawsze staje w obliczu sytuacji, które wymagają podjęcia decyzji. W tej chwili nie ma magicznej formuły rozwiązania, ale analiza alternatyw, które nie zawsze przynoszą zadowalające rezultaty.

Błędy popełnione przy tych wyborach sprawiają, że mamy bardziej krytycznego ducha i bardziej otwarty umysł, dzięki czemu w przyszłości będziemy mieć więcej wpływów na przyszłe wybory. Jest to tak zwane doświadczenie, ponieważ osiąga się je dopiero w czasie.

Jest oczywiste, że w całej naszej trajektorii na Ziemi istnieją dwa pasma, które działają we wszechświecie: jeden złośliwy i jeden łagodny. Chociaż nikt nie jest całkowicie zły ani dobry, to nasze przeważające działania decydują o naszej stronie w tym sporze.

Moje doświadczenie

Jestem synem duchowego Jahwe, znanego jako Mesjasz, Boski, syn Boży lub po prostu widzący. Urodziłem się w wiosce w głębi północno-wschodniej części kraju, co dało mi możliwość kontaktu z najgorszymi dolegliwościami ludzkości.

Wybory z pewnością mają duży wpływ na nasze życie, a zwłaszcza na naszą osobowość. Jestem synem rolników, wychowywałem się z dobrymi wartościami i zawsze szedłem za nimi co do joty. Dorastałem w biedzie, ale nigdy nie brakowało mi dobroci, hojności, uczciwości, charakteru i miłości do innych. Mimo to nie zostałem uratowany przed złą pogodą.

Moja skromna kondycja była wielką plagą: nie miałem pieniędzy na odpowiednie jedzenie, nie miałem wystarczającego wsparcia finansowego w nauce, wychowywałem się w domu z niewielką interakcją społeczną. Choć wszystko było trudne, postanowiłem walczyć z tym nurtem, szukając lepszych dni, które były moim pierwszym ważnym wyborem.

Nie było to wcale łatwe. Wiele wycierpiałem, czasem traciłem nadzieję, poddawałem się, ale coś w głębi duszy mówiło, że Bóg mnie wspiera i przygotowuje dla mnie ścieżkę pełną osiągnięć.

W tej samej chwili, gdy już się poddałem, Jahwe Bóg działał i wyzwolił mnie. Zaadoptował mnie jako syna i całkowicie wskrzesił.

Stamtąd postanowił zamieszkać we mnie, aby odmienić życie najbliższych.

Miejsce docelowe
Królestwo światła, październik 1982

Wyższa rada zebrała się w pośpiechu, aby zastanowić się nad ważnym pytaniem: Jaki byłby duch odpowiedzialny za wykonywanie pracy? Jeden z członków odebrał słowo, wymawiając:

Ta praca jest krytyczna. Musimy wybrać kogoś, komu całkowicie ufamy i który jest przygotowany na wyzwania związane z życiem na ziemi.

Między członkami rozpoczęła się gorąca dyskusja, każdy z jego sugestią. Ponieważ nie osiągnęli porozumienia, odbyło się szybkie głosowanie, w którym wybrano przedstawiciela. Duch i archanioł zostali wybrani do ich ochrony.

Po dokonaniu wyboru Jahwe tchnął i duchy zostały zesłane na ziemię. Jeden dla ciała cielesnego, drugi dla ciała duchowego, zdolnego do przetrwania w środowisku ziemskim. W ten sposób Boski i jego Umiłowany Archanioł przybyli na ziemię i jest to podobny proces dla każdego wybranego człowieka. Wszyscy mamy boską esencję.

Misja

Divine narodził się i wychował wśród zdumiewających trudności gdzieś w tylnym stanie Pernambuco. Inteligentny i miły chłopiec zawsze był pomocny dla ludzi w ogóle. Nawet życie z uprzedzeniami, nędzą i obojętnością nigdy nie zrezygnowało z życia. To wielkie osiągnięcie w obliczu politycznej i społecznej konsternacji, w jaką wkracza północny wschód.

W wieku dwudziestu trzech lat przeżył pierwszy poważny kryzys finansowy i osobisty. Problemy doprowadziły go do zejścia na dno, okresu zwanego ciemną nocą duszy, kiedy zapomniał o Bogu i jego zasadach. Boskość bez przerwy spadała na bezdenne urwisko, aż coś się zmieniło: w chwili, gdy miał spaść na ziemię, anioł Jahwe działał i uwolnił go. Chwała Jahwe!

Od tego momentu wszystko zaczęło się zmieniać: dostał pracę, poszedł na studia i zaczął pisać na terapię. Mimo że sytuacja była nadal trudna, miała przynajmniej szanse na poprawę.

W ciągu następnych czterech lat skończył college, zmienił pracę, przestał pisać i rozpoczął kontynuację swojego daru, który zaczynał się rozwijać. W ten sposób rozpoczęła się saga o widzącym.

Znaczenie wizji

Divine, medium, leczył się w prywatnej klinice ze słynnym parapsychologiem. Po długiej, sześciomiesięcznej kuracji doszedłem do końca w dwunastej sesji. Podsumowując, napiszę poniższe spotkanie:

Klinika św. Wawrzyńca znajdowała się w centrum Atalanta, Wnętrze Pernambuco, prostego parterowego budynku, który zaginął pośrodku budynków stolicy prowincji. Boskość przybyła o ósmej rano i natychmiast zajęto się lekarzem. Obaj udali się do prywatnego pokoju, a po przybyciu tam Divine i doktor Hector Smith stanęli twarzą w twarz. Ten ostatni zainicjował kontakt:

„Mam dobre wieści. Opracowałem substancję zdolną do przekształcania twoich duchowych impulsów elektrycznych w rejestrowane jednostki fotochemiczne za pośrednictwem mojego urządzenia. W zależności od wyników dojdziemy do ostatecznego wniosku.

- Boję się. Jednak chciałbym poznać całą prawdę. Śmiało, doktorze.

"To wspaniale. (Doktor Hector Smith)

Znak przybliżył Divine do dziwnego, okrągłego, obszernego urządzenia pełnego nóg i drutów. Urządzenie podobało się czytnikowi ręcznemu i parapsycholog delikatnie pomógł młodemu mężczyźnie założyć ręce. Kontakt wywołał intensywny szok w Divine, a wyniki pojawiły się w wizjerze po drugiej stronie. Kilka sekund później Divine cofnął rękę, a lekarz automatycznie wydrukował wynik.

Mając egzamin, skrzywił się z radości i wrócił do komunikacji:

„Tak właśnie podejrzewałem. Wizje, które masz, są częścią naturalnego procesu, który jest związany z innym życiem. Twoim celem jest po prostu poprowadzenie Cię po drodze. Żadnych przeciwwskazań.

„Masz na myśli, że jestem normalny?

„Normalnie. Powiedzmy, że jesteś wyjątkowy i wyjątkowy na tej planecie. Myślę, że możemy się tutaj zatrzymać. Jestem zadowolony.

„Dziękuję za poświęcenie i zaangażowanie w moją sprawę. Przyjaźń zostaje.

- Mówię to samo. Powodzenia, synu Boży.

„Tobie też, do widzenia.

To powiedziawszy, obaj odeszli od razu. Ten dzień był objawieniem Boskich wizji i od tego momentu jego życie potoczyło się normalnym biegiem.

Wraz z objawieniem się wizji Divine zdecydował się kontynuować dzieło i wznowił pisanie. Ze względu na swój dar nazwał siebie „Widzącym" i zaczął budować serię literacką o tym samym tytule. Wszystko, co do tej pory zbudował, pokazało mu, jak warto było pracować dla misji, którą powierzył sam Jahwe.

Divine podchodzi obecnie do życia z optymizmem. Chociaż życie wciąż go zaskakuje, nie ustaje w swoich celach, okazując wartość i wiarę swojej osoby. Jest przykładem, że życie i jego trudności nie zniszczyły.

Sekret sukcesu tkwi w wierze w większą siłę, która napędza wszystko, co istnieje. Uzbrojony w tę siłę człowiek jest w stanie pokonać bariery i wypełnić swoje przeznaczenie zarezerwowane w liniach życia.

Oto sekret jest taki: „Żyć życiem z radością, wiarą i nadzieją. Przekształć niektóre z jego dzieł dla całego wszechświata i to jest to, co Bóg chce zrobić ze swoją literaturą".

Powodzenia jemu i wszystkim, którzy współtworzą kulturę tego kraju. Powodzenia dla wszystkich i kochający uścisk.

Autentyczność w zepsutym świecie

Smutek w trudnych czasach

Niesprawiedliwi giną i najczęściej usiłują zrzucić winę na Boga i innych. Nie zdaje sobie sprawy, że osiąga owoce swojej pracy, swojego szaleństwa, próbując żyć niesfornie i pełen wad. Rada jest taka, że nie martwię się o sukces innych ani mu nie zazdroszczę. Spróbuj zrozumieć i znaleźć własną drogę przez dobre uczynki. Przede wszystkim bądź szczery, prawdziwy i autentyczny, a wtedy zwycięstwo nadejdzie, gdy zasłużysz. Ci, którzy uwierzyli w Pana, szybko wyjdą rozczarowani.

Życie w zepsutym świecie

Dzisiejszy świat jest bardzo dynamiczny, konkurencyjny i pełen przemocy. Bycie dobrym w dzisiejszych czasach jest prawdziwym wyzwaniem. Często wierni doświadczali zdrady, fałszu, zazdrości, chciwości, beznadziejności. Mój ojciec szuka odwrotności tego: życzliwości, współpracy, miłosierdzia, miłości, determinacji, pazura i wiary. Dokonaj swojego wyboru. Jeśli wybierzesz dobro, obiecuję ci pomoc we wszystkich jego przyczynach. Poproszę ojca o jego marzenia, a on mnie wysłucha, bo dla wierzących w Boga wszystko jest możliwe.

Pielęgnuj utrwalone wartości, które zapewniają bezpieczeństwo i wolność. Twoja wolna wola powinna zostać wykorzystana dla twojej chwały i dobrego samopoczucia. Wybierz, by być apostołem dobra. Jeśli jednak pójdziesz ścieżką ciemności, nie będę w stanie ci pomóc. Będzie mi smutno, ale uszanuję każdą twoją decyzję. Jesteś całkowicie wolny.

Przed morzem błota można przefiltrować dobrą wodę i to właśnie chcę z tobą zrobić. Przeszłość nie ma już znaczenia. Uczynię cię człowiekiem przyszłości: szczęśliwym, spokojnym i spełnionym. Będziemy szczęśliwi na zawsze przed Bogiem Ojcem.

Dopóki istnieje dobro, ziemia pozostanie.

Nie martw się astronomicznymi prognozami końca życia na Ziemi. Oto ktoś, kto jest większy ode mnie. Dopóki na ziemi jest dobro, życie pozostanie, więc pragnę. Z biegiem czasu zło rozprzestrzenia się na ziemi, zanieczyszczając moje plantacje. Nadejdzie czas, kiedy wszystko zostanie skonsumowane i nastąpi oddzielenie dobra od zła. Moje królestwo przyjdzie na was, pozwalając wiernym na sukces. W tym dniu Pana spłacone zostaną długi i rozdzielone dary.

Moje królestwo jest królestwem rozkoszy, w którym zwycięży sprawiedliwość, suwerenność ojca i powszechne szczęście. Każdy, duży i mały, pokłoni się ku jego chwale. Amen.

Sprawiedliwi nie zostaną wstrząśnięci.

DROGA DO ŻYCIA

Pośród burz i trzęsień ziemi, nie bądź mną. Przed tobą jest silny Bóg, który cię wesprze. Uratowała go autentyczność, honor, wierność, hojność i dobroć. Ich braterskie czyny poprowadzą ich przed wielkimi, a wy zostaniecie uznani za mądrych. W życiu wykazałeś się wystarczająco, aby być usprawiedliwionym i wzniosłym. Żywy!

Bądź wyjątkiem.

Oto jestem sprawiedliwy, postępuję uczciwie, postępuję sprawiedliwie, mówię prawdę, nie oczerniam i nie wyrządzam innym krzywdy. Jestem wyjątkiem w świecie, w którym władza, prestiż, wpływy i to, co zewnętrzne, są najważniejsze. Dlatego błagam, panie, chroń mnie swoimi skrzydłami i tarczą przed wszystkimi moimi wrogami. Niech moja autentyczność zaowocuje i umieści mnie wśród wielkich, zasługując na to.

Ci, którzy gardzą sprawiedliwością i prawem, nie znają ani ciebie, ani twoich przykazań. Zostaną one zabrane z twojej stodoły i wrzucone na miesiąc. w jeziorze ognia i siarki, gdzie będą płacić dniem i nocą bez przerwy za swoje grzechy. Każdy, kto ma uszy i słucha.

Moja forteca

Moją siłą jest moja wiara, a moje uczynki świadczą o mojej dobroci. Nie mam dość pomagania innym z własnej woli. Nic w zamian nie dostanę, moja nagroda przyjdzie z nieba. W dniu Pańskim, kiedy zbiorę się w Twoje ramiona, będę miał dowód, że moje wysiłki były tego warte.

Mój Bóg jest Bogiem niemożliwego, a jego imię to Jahwe. Dokonał niezliczonych cudów w moim życiu i traktuje mnie jak syna. Błogosławione niech będzie Twoje imię. Dołącz do nas również w tym łańcuchu dobra: pomagaj cierpiącym i chorym, pomagaj potrzebującym, pouczaj ignorantów, udzielaj dobrych rad tym, którzy nie mogą się spłacić, a wasza nagroda będzie wielka. Jego siedziba będzie w królestwie niebieskim przede mną i moim ojcem, a wtedy zasmakujesz prawdziwego szczęścia.

Wartości

Pielęgnuj wartości proponowane w przykazaniach i prawach Bożych. Zbuduj swoją autentyczność i przydatność. Warto być apostołem błogosławieństwa na ziemi, otrzymasz wspaniałe dary i łaski, które cię uszczęśliwią. Życzę powodzenia i powodzenia w twoich przedsięwzięciach z całego serca.

Poszukiwanie wewnętrznego pokoju

Bóg Stwórca

Wszechświat i wszystko w nim zawarte jest dziełem Ducha Świętego. Głównymi cechami tej istoty o wspaniałej chwale są: miłość, wierność, hojność, siła, moc, suwerenność, miłosierdzie i sprawiedliwość. Dobre rzeczy, gdy osiągną doskonałość, są przyswajane przez światło, a złe rzeczy są wchłaniane przez ciemność i obniżane do niższych stopni w następnych wcieleniach. Niebo i piekło to tylko stwierdzenia umysłu, a nie konkretne lokalizacje.

Prawdziwa miłość

Pomimo tego, że Jahwe jest bardzo wielkim i potężnym Bogiem, troszczy się o każde ze swoich dzieci osobiście lub przez swoich sług. Szuka naszego szczęścia za wszelką cenę. Jak matka lub ojciec, wspiera nas i pomaga w trudnych chwilach, ujawniając niezrozumiałą miłość do ludzi. Doprawdy, na ziemi nie znajdujemy w ludziach tego rodzaju czystej i mniej interesującej miłości.

Uznaj siebie za grzesznika i ograniczonego.

Arogancja duma, wiara w siebie, złudzenie i poleganie na sobie są niegodziwymi wrogami ludzkości. Zanieczyszczeni zdają sobie sprawę, że są po prostu zwykłą masą pyłu. Zobacz i porównaj: ja, który stworzyłem słońca, czarne dziury, planety, galaktyki i inne gwiazdy, nie chwalę się tym bardziej, tym bardziej ty. Poddaj się mojej mocy i przyjmij nowe nastawienie.

Wpływ współczesnego świata

Dzisiejszy świat tworzy nie do pokonania bariery między człowiekiem a stwórcą. Żyjemy w otoczeniu technologii, wiedzy, możliwości i wyzwań. W tak konkurencyjnym świecie człowiek zapomina o zleceniodawcy, o swoim w związku z tobą. Musimy być jak starożytni nauczyciele, którzy nieustannie szukali Boga i mieli cele zgodne z Jego wolą. Tylko w ten sposób sukces przyjdzie do Ciebie.

Jak zintegrować się z ojcem

Jestem życiowym dowodem na to, że Bóg istnieje. Twórca zmienił mnie z małego marzyciela jaskiniowego w człowieka o międzynarodowej renomie. Wszystko to było możliwe dzięki integracji z ojcem. Jak to było możliwe? Wyrzekłem się swojej indywidualności i pozwoliłem siłom światła działać całkowicie w moich relacjach. Zrób to, co ja i wejdź do naszego królestwa rozkoszy, gdzie płynie mleko i miód, raj obiecany Izraelitom.

Znaczenie komunikacji

Nie zapominaj o swoich zobowiązaniach religijnych. Kiedy tylko możesz lub przynajmniej raz dziennie módl się żarliwie za siebie i za świat. Jednocześnie wasza dusza będzie pełna łask. Tylko ci, którzy są wytrwali, mogą osiągnąć cud.

Współzależność i mądrość rzeczy

Spójrz na wszechświat, a zobaczysz, że wszystko ma przyczynę i funkcję, nawet jeśli jest niewielka dla funkcjonowania całości. Tak więc dobrze jest, że jest legion, który chce za nas walczyć. Poczuj w sobie Boga.

Nie obwiniaj nikogo.

Nie obwiniaj losu ani Boga za wynik swoich wyborów. Wręcz przeciwnie, zastanów się nad nimi i staraj się nie popełniać tych samych błędów. Każde doświadczenie powinno służyć jako nauka do przyswojenia.

Bycie częścią całości

Nie lekceważ swojej pracy na ziemi. Niech to będzie równie ważne dla twojej ewolucji, jak i innych. Poczuj się błogosławiony, będąc częścią wielkiego teatru życia.

Nie narzekaj.

Bez względu na to, jak bardzo masz problem, życie stara się pokazać, że są ludzie w gorszej sytuacji niż Twoja. Okazuje się, że wiele z naszego cierpienia jest psychologicznie narzucone przez wyidealizowany standard zdrowia i dobrego samopoczucia. Jesteśmy słabi, skorumpowani i naiwni. Ale większość ludzi myśli, że jesteś wiecznym superbohaterem.

Zobacz z innego punktu widzenia.

W chwili cierpienia spróbuj się uspokoić. Zwróć uwagę na sytuację z innego punktu widzenia, a wtedy to, co początkowo wygląda na złe, z pewnością będzie miało swoje zalety. Skoncentruj się mentalnie i spróbuj obrać nowy kierunek swojego życia.

Prawda

Jesteśmy tak pogrążeni w naszych zmartwieniach, że nawet nie zdajemy sobie sprawy z małych darów, cudów i rutynowych łask, które otrzymujemy z nieba. Ciesz się z tego. Przy odrobinie wysiłku będziesz błogosławiony jeszcze bardziej, ponieważ mój ojciec życzy ci wszystkiego najlepszego.

Pomyśl o drugim.

Kiedy myślisz o bracie, świętujesz w niebie. Działając hojnie, nasz duch jest lekki i gotowy do wyższych lotów. Zawsze rób to ćwiczenie.

Zapomnij o problemach.

Ćwicz kreatywność, czytanie, mentalizację, medytację, dobroczynność i rozmowę, aby problemy nie dręczyły twojej duszy. Nie rozładowuj ciężkiego ładunku, który nosisz na innych, który nie ma nic wspólnego z twoimi osobistymi problemami. Bądź przyjazny i spraw, aby Twój dzień był wolniejszy i produktywny.

Postrzegaj narodziny i śmierć jako procesy.

Narodziny i śmierć to naturalne wydarzenia, na które należy patrzeć ze spokojem. Największym zmartwieniem jest to, że ktoś żyje, aby przekształcić nasze postawy w korzyści przede wszystkim dla innych. Śmierć to tylko przejście, które prowadzi nas do wyższej egzystencji z nagrodami odpowiadającymi naszym wysiłkom.

Nieśmiertelność

Człowiek staje się wieczny poprzez swoje dzieła i wartości. To jest dziedzictwo, które pozostawi przyszłym pokoleniom. Jeśli owoce drzew są gorsze, to dusza nie ma żadnej wartości dla stwórcy, który został zerwany i wyrzucony w zewnętrzną ciemność.

Miej proaktywną postawę.

Nie stój tak. Szukaj wiedzy o nowych kulturach i poznawaj nowych ludzi. Twój bagaż kulturowy będzie większy, a co za tym idzie wyniki będą lepsze. Bądź też mądrym człowiekiem.

Bóg jest duchem.

Czujesz, że miłości nie można zobaczyć. Tak też jest z Panem, nie możemy Go zobaczyć, ale codziennie odczuwamy w naszych sercach Jego braterską miłość. Dziękuj codziennie za wszystko, co dla ciebie robi.

Wizja wiary

Wiarę należy budować w naszym codziennym życiu. Nakarm ją pozytywnymi myślami i stanowczym nastawieniem do celu. Każdy krok jest ważny w tej możliwej długiej podróży.

Przestrzegajcie moich przykazań.

Sekret sukcesu i szczęścia tkwi w przestrzeganiu moich przykazań. Nie ma sensu deklarować słowami, że mnie kochasz, jeśli nie zastosujesz się do tego, co mówię. Zaprawdę, ci, którzy mnie miłują, przestrzegają mojego prawa i odwrotnie.

Martwa wiara

Każda wiara bez uczynków jest naprawdę martwa. Niektórzy mówią, że piekło jest pełne dobrych intencji i w tym tkwi wielka prawda. Nie ma sensu być chętnym, ale musisz udowodnić, że mnie kochasz.

Miej inną wizję.

Nie każde cierpienie czy porażka są całkowicie złe. Każde negatywne doświadczenie, którego doświadczamy, wnosi do naszego życia ciągłą, silną i trwałą naukę. Naucz się widzieć pozytywną stronę rzeczy, a będziesz szczęśliwszy.

Ze słabości pochodzi siła.

Co robić w delikatnej sytuacji finansowej

Świat jest bardzo dynamiczny. Fazy wielkiego dobrobytu często zawdzięczają okresom wielkich trudności finansowych. Większość ludzi, gdy są w dobrym czasie, zapomina o dalszej walce i religijnej części. Po prostu czują się samodzielni. Ten błąd może doprowadzić ich do ciemnej otchłani, z której trudno będzie uciec. W tej chwili ważne jest, aby chłodno przeanalizować sytuację, znaleźć rozwiązania i iść do walki z wielką wiarą w Boga.

Z religijnym wsparciem będziesz w stanie pokonać przeszkody i znaleźć sposoby na powrót do zdrowia. Nie obwiniaj się zbytnio za swoją nieudaną przeszłość. Ważne jest, aby iść naprzód z nowym sposobem myślenia, uformowanym z zapałem i wiarą, które będą rosły w twoim sercu, gdy będziesz oddawać swoje życie mojemu ojcu. Uwierz mi, on będzie jedynym ratunkiem dla wszystkich twoich problemów.

Oto człowiekowi powiedziano, że wszystko będzie mu dane, o ile zawsze będzie kroczył ścieżką dobra. Dlatego starajcie się przestrzegać przykazań pism świętych i zaleceń świętych. Nie bądźcie dumni do tego stopnia, że ich umniejszacie, ponieważ przykładem życia mogliby rozpoznać Boga pośród gruzów. Pomyśl o tym i powodzenia.

W obliczu problemów rodzinnych

Odkąd się urodziliśmy, jesteśmy zintegrowani z pierwszą społecznością ludzką, jaką jest rodzina. To podstawa naszych wartości i odniesienie w naszych relacjach. Kto jest dobrym ojcem, mężem czy synem, będzie też wielkim obywatelem wypełniającym swoje obowiązki. Jak każda grupa, nieporozumienia są nieuniknione.

Nie proszę o unikanie tarcia, jest to praktycznie niemożliwe. Proszę was o wzajemny szacunek, współpracę i miłość. Zjednoczona rodzina nigdy się nie skończy i razem mogą zwyciężyć wielkie rzeczy.

W niebie jest także skonsolidowana duchowa rodzina: Królestwo Jahwe, Jezusa i Boskości. Królestwo to głosi sprawiedliwość, wolność, zrozumienie, tolerancję, braterstwo, przyjaźń, a przede wszystkim miłość. W tym duchowym wymiarze nie ma bólu, płaczu, cierpienia ani śmierci. Wszystko zostało porzucone, a wybrani wierni są ubrani w nowe ciało i nową esencję. Jak jest napisane, „sprawiedliwi będą świecić jak słońce w królestwie swego ojca".

Pokonanie choroby, a nawet śmierci

Fizyczna choroba to naturalny proces, który pojawia się, gdy coś nie idzie dobrze z naszym ciałem. Jeśli choroba nie jest ciężka i zostanie przezwyciężona, odgrywa rolę naturalnego oczyszczenia duszy, utrwalając pokorę i prostotę. Cierpienie na tę chorobę polega na tym, że jesteśmy w czasach naszej małości, a jednocześnie zalewamy wielkością Boga, który może wszystko.

W przypadku śmiertelnej choroby jest to ostateczny paszport do innego planu i zgodnie z naszym postępowaniem w terenie zostajemy przydzieleni do konkretnego planu. Możliwości to: piekło, otchłań, niebo, miasto ludzi i czyściec. Każdy jest przeznaczony dla jednego z nich zgodnie z ich linią ewolucyjną. W tym momencie dostajemy tylko dokładnie to, na co zasługujemy, nie więcej, nie mniej.

Tym, którzy pozostają na ziemi, towarzyszy tęsknota za rodziną i życiem. Świat nie jest dla nikogo przystankiem, absolutnie nikt nie jest niezastąpiony. Jednak dobre uczynki pozostają i dają nam świadectwo. Wszystko przeminie, z wyjątkiem mocy Bożej, która jest wieczna.

Spotkanie ze sobą

Gdzie moje szczęście? Co zrobić, aby pozostać zdrowym na ziemi? O to pyta wiele osób. Nie ma wiele tajemnic handlowych, ale zwycięzcami są zazwyczaj ci, którzy poświęcają swój czas dla dobra innych i ludzkości. Służąc innym, czują się kompletni i chętniej kochają, nawiązują więzi i wygrywają.

Edukacja, cierpliwość, tolerancja i bojaźń przed Bogiem to kluczowe elementy budowania rzadkiej i godnej podziwu osobowości. W ten sposób człowiek będzie mógł znaleźć Boga i dokładnie wiedzieć, czego pragnie w swoim życiu. Możesz nawet pomyśleć, że jesteś na dobrej drodze, ale bez tych cech po prostu będziesz fałszywy. Kochasz tylko ludzi, którzy naprawdę się poddają i którzy rozumieją się nawzajem. Nauczcie się ode mnie, że jestem czysty, świadomy swoich bogów, czyny troski o Boga, poświęcone moim projektom, zrozumienie, dobroczynność i miłość. Stanie się czymś wyjątkowym dla mojego ojca, a świat zostanie zachowany. Pamiętaj: nie dla tego, co większe niż otchłań lub ciemność w twoim życiu, ze słabości rodzi się siła.

Sophia

Sprawiedliwość

Sprawiedliwość i niesprawiedliwość są dla siebie progami i są bardzo względne. Podzielmy go na dwie gałęzie: królestwo Boże i królestwa ludzi. Odnosi się do Boga, sprawiedliwość jest ściśle związana z suwerennością Jahwe, która jest zademonstrowana przez jego przykazania, w sumie trzydzieści według mojej wizji. Jest to kwestia praktyczna: albo będziecie postępować zgodnie z normami królestwa Bożego, albo nie, a dla tych, którzy nie chcą ujrzeć wielkości tych celów, pozostaje lament zagubionej duszy. Jednak zbuntowane dusze, którym uda się w pewnym momencie życia ponownie powstać, mogą mocno wierzyć w miłosierdzie Jahwe, jego świętego ojca. Bóg Ojciec jest istotą o nieskończonych zadaniach.

Sprawiedliwość ludzka ma swoje wytyczne w każdym narodzie. Mężczyźni z biegiem czasu starają się zapewnić pokój i prawo na ziemi, mimo że nie zawsze tak się dzieje. Wynika to z przestarzałych przepisów, korupcji, uprzedzeń wobec nieletnich i samych ludzkich niepowodzeń. Jeśli czujesz się skrzywdzony, tak jak ja kiedykolwiek czułem, że błagam Boga. Zrozumie ból i zapewni zwycięstwo we właściwym czasie.

Niesprawiedliwość pod każdym względem jest złem starożytnej i współczesnej ludzkości. Trzeba z nią walczyć, aby sprawiedliwi mogli mieć to, co słusznie należy do ciebie. To, co nie może się zdarzyć, to próba uczynienia sprawiedliwości? Pamiętaj, że nie jest Bogiem osądzanie i potępianie kogokolwiek.

„Kiedy cię wzywam, odpowiedz mi, Boże mojej sprawiedliwości". (SM 4,2).

Schronienie we właściwym czasie

Jesteśmy istotami duchowymi. W pewnym momencie naszego istnienia w niebie zostajemy wybrani i wcieleni w ludzkie ciało w momencie zapłodnienia. Celem jest wypełnienie misji poprzez ewolucję wraz z innymi ludźmi. Niektóre z większymi misjami, a inne z mniejszymi, ale wszystkie mają funkcję, której planeta nie może zrezygnować.

Nasz pierwszy kontakt ma miejsce w rodzinie i zwykle to właśnie z tymi ludźmi żyjemy dłużej i przez całe życie. Nawet dzieci poślubiające więź rodzinną nie wygasają.

Dzięki kontaktom społecznym mamy dostęp do innych naszych poglądów. Właśnie w tym tkwi niebezpieczeństwo. W dzisiejszych czasach mamy ogromne pokolenie młodych ludzi szukających złej strony. To nastolatki i dorośli, którzy nie szanują swoich rodziców, czczą narkotyk i kradną, a nawet zabijają. Nawet tak zwani zaufani ludzie mogą ukrywać niebezpieczeństwo, gdy próbują wpłynąć na nas, abyśmy czynili zło. Jest też druga strona: bombardowani kłamstwem, przemocą, zastraszaniem, uprzedzeniami, kłamstwem, nielojalnością, wielu nie wierzy w ludzkość i jest bliskich nowych przyjaźni. Warto pomyśleć, że naprawdę trudno jest znaleźć godnych zaufania ludzi, ale jeśli jesteś jednym z tych szczęściarzy, trzymaj ich po prawej i lewej stronie klatki piersiowej do końca życia.

Narażony na, to gdy wpadniesz w jakieś nieszczęście, zwróć się do swoich prawdziwych przyjaciół lub bliskiej rodziny, a jeśli nadal nie znajdziesz wsparcia, szukaj schronienia u Boga we właściwym czasie. Jest jedynym, który już go nie porzuci, ponieważ jego sytuacja jest chwiejna. Daj swój ból i wiarę w lepsze dni w Boga niemożliwego, a nie będziesz pokutować.

„W udręce pocieszyłeś mnie. Zmiłuj się nade mną i wysłuchaj mnie modlitwy. (Psalm 4.2).

Uwodzenie świata a droga Boża

Świat jest wielkim obszarem, na którym dzieci Boże i diabeł pracują dla swoich spraw. Jak w każdym świecie zapóźnionym ewolucyjnie, żyjemy w krwawej tubalności, w której ludzie tworzą grupy, które razem tworzą społeczeństwo.

Chociaż mówimy, że większość ludzi ma dobre intencje, widzisz wirtualizację zdrowego rozsądku. Większość woli rzeczy tego świata od spraw Bożych. Ludzie pragną władzy, pieniędzy, rywalizują o prestiż, toną w niesfornych partiach, praktykują wykluczenie i podżegają do niesfornych, plotkują i oczerniają innych, wolą wspinać się po skali hierarchii oszukując, potępiając i pomijając innych. Ja, jako przedstawiciel Jahwe, nie wątpię, że ci ludzie nie są z Boga. Są córkami diabelskiego kąkolu, które zostaną bezlitośnie spalone w larwach otchłani w obliczu. To nie jest osąd, taka jest rzeczywistość w związku ze zbiorami roślin.

Jeśli masz wartości i wierzysz w siły dobra, zapraszam cię do królestwa twojego ojca. Wyrzekając się świata, w końcu zobaczysz wielkość i dobroć naszego Boga. Ojca, który akceptuje cię takim, jakim jesteś i który kocha cię miłością większą niż twoje zrozumienie. Dokonaj swojego wyboru. Tutaj wszystko jest ulotne, a poza nami możesz doświadczyć, co naprawdę oznacza słowo „Pełne szczęście".

„O ludzie, jak długo będziecie mieli zatwardziałe serce, kochać marność i szukać kłamstwa?" (Psalm 4: 3).

Poznajemy Jahwe.

Jahwe jest tam najwspanialszą istotą. Z własnego doświadczenia poznałem twarz tego kochającego ojca, który zawsze pragnie naszego dobra. Więc dlaczego nie dać mu szansy? Przekaż mu swoje krzyże i nadzieje, aby silna ręka mogła zmienić twoje życie. Gwarantuję, że już nie będziesz taki sam. Mam szczerą nadzieję, że zastanowisz się nad tymi kilkoma słowami i podejmiesz ostateczną decyzję w swoim życiu. Poza tym będę na ciebie czekał. Powodzenia. Kocham was, bracia!

Sprawiedliwy i związek z Jahwe

Relacja z Jahwe

Zawsze dziękuj swojemu duchowemu ojcu za wszystkie łaski udzielone przez całe jego życie. Poczucie wdzięczności i szczęścia, że Jahwe dał mu życie, jest obowiązkiem. Jego imię jest święte i okryte chwałą we wszystkich częściach świata. W razie niebezpieczeństwa lub potrzeby uciekaj się do niego, a na pewno otworzy swoje drogi, pokazując ostateczne rozwiązanie twojego problemu.

Mówiąc o problemach, wielu z nich ma za przyczynę działania swoich wrogów. Odwołuj się z ufnością do mojego ojca, a każdy, kto chce zła, potknie się. Wiedz, że Bóg ojciec zawsze będzie przy tobie, po prostu miej do niego więcej zaufania. Sprawiedliwi zawsze odpoczywają przez ojca. Musisz jednak spróbować podejścia ze swoimi niechęciami. Uczyń swojego wroga bliskim i wiernym przyjacielem lub przynajmniej utrzymuj przyjacielskie stosunki. Intryga trzyma duszę w ciemności, z dala od boskiego działania i nie ma sensu narzekać na nieobecność, ty sam trzymałeś ją z daleka swoją urazą i pogardą do innych. Pomyśl o tym.

Tak, Bóg będzie cię kochał i spełni twoje oczekiwania w takim zakresie, w jakim wyświadczyłeś innym. Upewnij się, że jeśli zrezygnujesz z tego całkowicie, jego ludzie będą walczyć o ciebie w każdej wewnętrznej i zewnętrznej wojnie, która się wydarzy. Będzie mógł otworzyć morze lub zniszczyć narody dla swego dobra, ponieważ z wiarą zwróciliście się do niego.

Robi to, aby mógł śpiewać swoją chwałę, a jego dusza w przerażeniu przyłączyła się do wybranych dusz, by trzymać się Jezusa. Królestwo Boże jest budowane stopniowo, a większość jego członków to ubodzy i pokorni w sercu. W tym duchowym wymiarze istnieje tylko pokój, szczęście, wiara, równość, współpraca, braterstwo i miłość bez ograniczeń między jego członkami. Ci, którzy wyruszyli ścieżką ciemności, są teraz jeziorem ognia i siarki, gdzie będą dręczyć dzień i noc z powodu ciężkości swoich grzechów.

Nazywa się to boską sprawiedliwością. Sprawiedliwość daje to, na co wszyscy zasługują, i czyni to na cześć uciskanych, mniejszości, biednych cierpiących, wszystkich maluczkich na świecie, którzy cierpią podporządkowani konserwatywnej elicie. Oprócz sprawiedliwości Boże miłosierdzie znajduje się i jest nieprzeniknione dla żadnego umysłu. Dlatego jest Bogiem, kimś, kto zawsze będzie z otwartymi ramionami, aby przyjąć swoje dzieci.

Co powinieneś zrobić.

Spotkałem Boskiego Ojca w najtrudniejszym momencie mojego życia, w chwili, gdy byłem martwy i moje nadzieje się wyczerpały. Nauczył mnie swoich wartości i całkowicie zrehabilitował. On może zrobić to samo tobie. Wszystko, co musisz zrobić, to zaakceptować działanie jego chwalebnego imienia w jego życiu.

Kieruję się kilkoma podstawowymi wartościami: najpierw miłość, zrozumienie, szacunek, równoważność, współpraca, tolerancja, solidarność, pokora, dystans, wolność i oddanie misji. Starajcie się troszczyć o swoje życie i nie szkalujcie innych, ponieważ Jahwe osądza serca. Jeśli ktoś cię skrzywdzi, nie zastanawiaj się ponownie, nadstaw drugi policzek i pokonaj urazę. Każdy tęskni i zasługuje na kolejną szansę.

Spróbuj zająć swój umysł pracą i wypoczynkiem. Bezczynność to niebezpieczny wróg, który może doprowadzić cię do ostatecznej ruiny. Zawsze jest coś do zrobienia.

Staraj się także wzmacniać swoją część duchową, często uczęszczaj do kościoła i uzyskuj rady od swojego przewodnika duchowego. Zawsze dobrze jest mieć drugą opinię, gdy mamy wątpliwości co do jakiejś decyzji, którą należy podjąć. Bądź ostrożny i ucz się na swoich błędach i sukcesach.

Przede wszystkim bądź sobą w każdej sytuacji. Nikt nie oszukuje Boga. Działajcie w prostocie i zawsze bądźcie wierni, że Bóg powierzy wam jeszcze większe stanowiska. Ich wielkość w niebie będzie wyrażona ilościowo w ich niewoli, najmniejsza część ziemi zostanie ozdobiona specjalnymi miejscami, blisko większego światła.

Daję ci całą moją nadzieję.

Panie Jahwe, wy, którzy dzień i noc obserwujecie moje wysiłki, prosimy was o przewodnictwo, ochronę i odwagę, by dalej nieść moje krzyże. Pobłogosław moje słowa i czyny, aby były zawsze dobre, beatyfikowały moje ciało, moją duszę i mój umysł. Niech moje sny się nie spełnią, tak daleko, jak mogą. Nie pozwól mi skręcić w prawo lub w lewo. Kiedy umrzesz, daj mi łaskę życia z wybranymi. Amen.

Przyjaźń.

Prawdziwy przyjaciel to ten, który jest z tobą w złych czasach. To on broni cię swoją duszą i życiem. Nie daj się zwieść. W czasach bonanzy zawsze będziesz otoczony ludźmi o najróżniejszych zainteresowaniach. Ale w mrocznych czasach pozostają tylko prawdziwe. Przede wszystkim twoja rodzina. Ci, którzy tak wiele implikują i chcą swojego dobra, są ich prawdziwymi przyjaciółmi. Inni ludzie zawsze zbliżają się ze względu na zalety.

- Zjesz ze mną chleb miodowy tylko wtedy, gdy zjesz ze mną trawę. To prawdziwe zdanie podsumowuje, komu powinniśmy nadać prawdziwą wartość. Przemijające bogactwo przyciąga wiele zainteresowań, a ludzie się zmieniają. Wiedz, jak zastanawiać się nad rzeczami. Kto był z tobą zubożały? To ci ludzie naprawdę zasługują na twoje zaufanie. Nie daj się zwieść fałszywym namiętnościom, które ranią. Przeanalizuj sytuację. Czy ktoś miałby do ciebie to samo uczucie, gdybyś był biednym żebrakiem? Medytuj nad tym, a znajdziesz odpowiedź.

Ten, kto się was publicznie wypiera, nie jest godzien Jego miłości. Każdy, kto boi się społeczeństwa, nie jest przygotowany na szczęście. Wiele osób obawiających się odrzucenia ze względu na orientację seksualną odrzuca publicznie swoich partnerów. Powoduje to poważne zaburzenia psychiczne i uporczywy ból emocjonalny. Czas przemyśleć swoje wybory. Kto naprawdę cię kocha? Jestem pewien, że nie ma wśród nich osoby, która odrzuciła cię publicznie. Odważ się i zmień trajektorię swojego życia. Zostaw przeszłość za sobą, zrób dobry plan i idź dalej. W chwili, gdy przestaniesz cierpieć dla innych i przejmiesz stery swoim życiem, twoja ścieżka będzie lżejsza i łatwiejsza. Nie bój się i przyjmij radykalną postawę. Tylko to może cię uwolnić.

Przebaczenie

Przebaczenie jest niezwykle potrzebne, aby osiągnąć spokój ducha. Ale co to znaczy przebaczać? Przebaczenie nie jest zapomnieniem. Przebaczenie oznacza zakończenie sytuacji, która przyniosła ci smutek.

Nie da się wymazać wspomnień o tym, co się stało. To zabierzesz ze sobą do końca życia. Ale jeśli utkniesz w przeszłości, nigdy nie będziesz żył teraźniejszością i nie będziesz szczęśliwy. Nie pozwól innym odebrać ci spokoju. Wybacz mi, że posuwam się naprzód i przeżywam nowe doświadczenia. Przebaczenie w końcu cię wyzwoli i będziesz gotowy na nową wizję życia. Ten człowiek, który sprawił, że cierpiałeś, nie może zniszczyć twojego życia. Pomyśl, że są inni dobrzy ludzie, którzy mogą zapewnić ci dobrą zabawę. Miej pozytywne nastawienie. Wszystko może się poprawić, jeśli w to uwierzysz. Nasze pozytywne wibracje wpływają na nasze życie w taki sposób, że możemy triumfować. Nie miej negatywnych ani małostkowych postaw. Może to prowadzić do destrukcyjnych skutków. Pozbądź się zła, które przepływa przez twoją duszę i filtruj tylko dobro. Po prostu zachowaj to, co dodaje ci dobrych rzeczy. Uwierz mi, twoje życie stanie się lepsze po takim nastawieniu.

Mów szczerze do swojej niechęci. Wyraź swoje oczekiwania. Wyjaśnij, że wybaczyłeś, ale nie dasz drugiej szansy. Ponowne przeżycie miłosnej przeszłości może być bardzo destrukcyjne dla obu stron. Najlepszym wyborem jest obranie nowego kierunku i próba szczęścia. Wszyscy zasługujemy na szczęście, ale nie wszyscy w nie wierzą. Wiedz, jak czekać na czas Boga. Bądź wdzięczny za dobre rzeczy, które posiadasz. Szukaj dalej swoich marzeń i szczęścia. Wszystko dzieje się we właściwym czasie. Plany twórcy dla nas są doskonałe i nawet nie wiemy, jak to zrozumieć. Oddaj swoje życie całkowicie planom Boga, a wszystko się ułoży. Przyjmijcie z radością swoją misję, a będziecie żyć z przyjemnością. Poczucie przebaczenia zmieni twoje życie w sposób, o którym nigdy nie pomyślałeś, a to złe wydarzenie będzie tylko przestarzałą przeszkodą. Jeśli nie uczysz się w miłości, uczysz się w bólu. To powiedzenie mające zastosowanie do tej sytuacji.

Znalezienie drogi

Każda osoba ma określoną i niepowtarzalną trajektorię. Nie ma sensu przestrzegać żadnych parametrów. Ważne jest zbadanie możliwości. Posiadanie wystarczającej ilości informacji jest najważniejsze, aby podjąć profesjonalną lub pełną miłości decyzję. Uważam, że należy wziąć pod uwagę czynnik finansowy, ale nie powinien on być istotny przy podejmowaniu decyzji. Często to, co nas uszczęśliwia, to nie pieniądze. To sytuacje i odczucia z określonego obszaru. Odkryj swój prezent, zastanów się nad swoją przyszłością i zdecyduj. Bądź zadowolony ze swoich wyborów. Wiele z nich ostatecznie zmienia nasze przeznaczenie. Więc pomyśl dobrze, zanim dokonasz wyboru.

Kiedy dokonujemy właściwego wyboru, wszystko w naszym życiu płynie idealnie. Właściwe wybory prowadzą nas do konkretnych i trwałych rezultatów. Ale jeśli popełnisz błąd w swojej decyzji, zmień swoje plany i postaraj się zrobić to dobrze następnym razem. Nie nadrobisz straconego czasu, ale życie dało Ci nową szansę na sukces. Mamy prawo do każdej szansy, jaką daje nam życie. Mamy prawo próbować tyle razy, ile potrzeba. Kto nigdy nie popełnił błędu w swoim życiu? Ale zawsze szanuj uczucia innych. Szanuj decyzje innych ludzi. Zaakceptuj swoją porażkę. To nie zmniejszy twoich możliwości. Przyjmij nowy początek i nie grzesz więcej. Pamiętasz, co powiedział Jezus? Możemy nawet wybaczyć, ale trzeba się wstydzić i zmienić swoje nastawienie. Dopiero wtedy będziesz gotowy, by znów być szczęśliwym. Wierz w swoje cechy. Miej dobre wartości etyczne i nie poniżaj się przed nikim. Stwórz nową historię.

Jak żyć w pracy

Praca to nasz drugi dom, przedłużenie naszego szczęścia. To musi być miejsce harmonii, przyjaźni i współudziału. Jednak nie zawsze jest to możliwe. Dlaczego to się dzieje? Dlaczego nie jestem zadowolony z pracy? Dlaczego jestem prześladowany? Dlaczego tak ciężko pracuję, a wciąż jestem biedny? Te i wiele innych kwestii można omówić tutaj.

Praca nie zawsze jest harmonijna, ponieważ mieszkamy z różnymi ludźmi. Każdy człowiek jest światem, ma swoje problemy i wpływa na wszystkich dookoła. Tam toczą się walki i nieporozumienia. To powoduje ból, frustrację i złość. Zawsze marzysz o idealnym miejscu pracy, ale rozczarowanie przynosi Ci dyskomfort. W rezultacie byliśmy nieszczęśliwi. Często jego praca jest jego jedynym źródłem wsparcia finansowego. Nie mamy możliwości rezygnacji, chociaż często tego chcemy. Wycofujesz się i zbuntujesz. Ale pozostaje w pracy z konieczności.

Dlaczego ścigają nas szefowie i współpracownicy? Powodów jest wiele: zawiść, uprzedzenia, autorytaryzm, beznadziejność. To oznacza nas na zawsze. To rodzi poczucie niższości i rozczarowania. Strasznie jest zachować spokój, kiedy chce się krzyczeć światu, że ma rację. Wykonujesz doskonałą robotę i nie jesteś rozpoznawany. Nie dostajesz komplementów, ale twój szef ma sens, by cię krytykować. Co więcej, uderzasz tysiące razy, ale jeśli popełnisz błąd, gdy zostaniesz nazwany niekompetentnym. Chociaż wiem, że problem nie jest w tobie, generuje konsekwentną traumę w twoim umyśle. Stajesz się obiektem pracy.

Dlaczego pracuję tak ciężko i jestem biedny? To musi być odbicie. Żyjemy w kapitalizmie, dzikim systemie gospodarczym, w którym biedni są wykorzystywani do generowania bogactwa dla bogatych. Dzieje się tak we wszystkich sektorach gospodarki. Ale zatrudnienie może być opcją. Za niewielkie pieniądze możemy podjąć się prawie wszystkich sektorów. Możemy tworzyć nasz biznes i być sobie szefami. To daje nam niesamowitą pewność siebie. Ale nic nie można zrobić bez planowania. Musimy ocenić pozytywną i negatywną stronę, abyśmy mogli zdecydować, który sposób jest najlepszy. Zawsze musimy mieć tło, ale przede wszystkim musimy być szczęśliwi. Ponadto musimy być proaktywni i stać się bohaterami naszej historii. Musimy znaleźć „miejsce spotkania" naszych potrzeb. Pamiętaj, że jesteś jedyną osobą, która wie, co jest dla Ciebie najlepsze.

Życie z ludźmi zaciekłymi w pracy

Często znajdujesz w pracy swojego najgorszego wroga. Ta nudna osoba, która cię goni i wymyśla rzeczy, które cię skrzywdzą. Inni nie lubią cię bez wyraźnego powodu. To jest takie bolesne. Życie z wrogami to straszna rzecz. Wymaga dużo kontroli i odwagi. Musimy wzmocnić stronę psychologiczną, aby pokonać wszystkie te przeszkody. Ale jest też inna opcja. Możesz zmienić pracę, poprosić o przeniesienie lub założyć własną firmę. Zmieniające się otoczenie czasami bardzo pomaga w sytuacji, w której się znajdujesz.

Jak postępować w przypadku przestępstw? Jak reagować w obliczu ataków werbalnych? Nie sądzę, żeby dobrze było trzymać gębę na kłódkę. To daje fałszywe wrażenie, że jesteś głupcem. Reagować. Nie pozwól nikomu cię skrzywdzić. Musisz oddzielić rzeczy. Zbieranie wyników Twojej pracy to jedno, a zupełnie inne to ściganie Ciebie. Nie pozwól nikomu zagłuszyć Twojej wolności. Bądź niezależny w swoich decyzjach..

Przygotowanie do samodzielnego dochodu z pracy

Aby móc odejść z pracy i być niezależnym, musimy przeanalizować rynek. Zainwestuj swój potencjał w to, co lubisz najbardziej. Wspaniale jest pracować nad tym, co lubisz. Musisz połączyć szczęście z dochodami finansowymi. Pracuj i zrób dobrą rezerwę finansową. Następnie zainwestuj w planowanie. Oblicz wszystkie swoje kroki i kroki. Zbadaj i skonsultuj się z ekspertami. Miej pewność, czego chcesz. Z czasem wszystko będzie dla ciebie łatwiejsze.

Jeśli twoja pierwsza opcja nie działa, ponownie oceń swoją ścieżkę i utrzymuj swoje cele. Uwierz w swój potencjał i talent. Odwaga, determinacja, śmiałość, wiara i wytrwałość to podstawowe elementy sukcesu. Postaw Boga na pierwszym miejscu, a wszystkie inne rzeczy zostaną dodane. Miej wiarę w siebie i bądź szczęśliwy.

Analiza możliwości specjalizacji na studiach

Studia są niezbędne dla rynku pracy i ogólnie dla całego życia. Wiedza skupia nas i przekształca. Czytanie książki, udział w kursie, posiadanie zawodu i szerokie spojrzenie na rzeczy pomaga nam się rozwijać. Wiedza jest naszą siłą przeciwko atakom ignorancji. Prowadzi nas na jaśniejszą i bardziej precyzyjną ścieżkę. Dlatego specjalizuj się w swoim zawodzie i bądź kompetentnym profesjonalistą. Bądź oryginalny i kreuj trendy konsumenckie. Uwolnij się od pesymizmu, podejmuj większe ryzyko i wytrwaj. Zawsze wierz w swoje sny, ponieważ są one Twoim kompasem w dolinie ciemności. W Tym, który nas wzmacnia, możemy zrobić wszystko.

Zbadaj swoją specjalizację. Twórz mechanizmy uczenia się. Odkryj siebie na nowo. Stanie się tym, o czym zawsze marzyłeś, może być możliwe. Wystarczy jeden plan działania, planowanie i siła woli. Stwórz swój sukces, a będziesz szczęśliwy. Bardzo udany dla Ciebie.

Jak żyć w rodzinie

Co to jest rodzina.

Rodzina to ludzie, którzy z tobą mieszkają, niezależnie od tego, czy są spokrewnieni, czy nie. To pierwszy rdzeń rodziny, do którego należysz. Na ogół ta grupa składa się z ojca, matki i dzieci.

Posiadanie rodziny ma fundamentalne znaczenie dla rozwoju człowieka. Uczymy się i uczymy w tym małym rodzinnym jądrze. Rodzina to nasza baza. Bez niej jesteśmy niczym. Dlatego poczucie przynależności do czegoś napełnia duszę człowiekiem.

Jednak kiedy żyjemy z zazdrosnymi lub złymi ludźmi, może to utrudniać naszą osobistą ewolucję? W tym przypadku obowiązuje powiedzenie: „Tylko lepsze niż słabo towarzyszące". Człowiek również musi się rozwijać, podbijać swoje przestrzenie i tworzyć swoją rodzinę. To część naturalnego prawa życia.

Jak szanować i być szanowanym

Największą zasadą życia w rodzinie powinien być szacunek. Chociaż mogą żyć razem, nie upoważnia to innych do wtrącania się w ich życie. Potwierdź to stanowisko. Pracę, pokój i sprawy ludzi miej osobno. Każda rodzina musi szanować swoją osobowość, czyny i pragnienia.

Mieszkacie razem lub wychodzicie z domu i macie więcej prywatności? Wielu młodych ludzi często zadaje sobie to pytanie. Z mojego osobistego doświadczenia wynika, że warto wychodzić z domu tylko wtedy, gdy masz jakieś wsparcie poza domem. Uwierz mi, samotność może być najgorszym z twoich wrogów i często cię znęca.

Żyłem przez cztery miesiące z wymówką, że będę bliżej pracy. Ale tak naprawdę starałem się znaleźć miłość. Myślałem, że mieszkanie w dużym mieście ułatwi mi poszukiwania. Ale tak się nie stało. We współczesnym świecie ludzie się skomplikowali. Dziś panuje materializm, egoizm i niegodziwość.

Mieszkałem w mieszkaniu. Miałem swoją prywatność, ale czułem się totalnie nieszczęśliwy. Co więcej, nigdy nie byłem młodą imprezą ani nie piłem. Życie samotne nie przemawia do mnie zbytnio. W końcu zdałem sobie sprawę, że moje obowiązki raczej wzrosły niż zmniejszyły się. Postanowiłem więc wrócić do domu. Nie była to łatwa decyzja. Wiedziałem, że to koniec moich nadziei na znalezienie kogoś. Jestem z grupą LGBT. To nie do pomyślenia, żebym miał chłopaka w domu, ponieważ moja rodzina jest całkowicie tradycyjna. Nigdy nie zaakceptowaliby mnie takim, jakim jestem.

Wróciłem do domu, myśląc o skupieniu się na pracy. W wieku trzydziestu sześciu lat nigdy nie znalazłem partnera. Zebrał pięćset odrzuceń i liczba ta rosła każdego dnia. Wtedy zadałem sobie pytanie: dlaczego ta potrzeba znalezienia szczęścia w innym? Dlaczego nie mogę samodzielnie spełnić swoich marzeń? Musiałem tylko mieć dobre wsparcie finansowe i móc lepiej cieszyć się życiem. Myśl o byciu szczęśliwym obok kogoś jest obecnie prawie przestarzała. Rzadko się to zdarza. Więc kontynuowałem swoje życie z moimi projektami. Jestem pisarzem i filmowcem.

Zależność finansowa

Umiejętność radzenia sobie z kwestiami finansowymi jest obecnie najważniejsza. Pomimo tego, że żyje się jako rodzina, każdy musi mieć swoje źródło utrzymania. Wiele razy musiałem pomagać swojej rodzinie, ponieważ tylko ja mam stałą pracę. Ale sytuacja stała się bardzo trudna, kiedy tylko na mnie czekali. Dlatego też wyszedłem z domu. Musieli obudzić się w rzeczywistości. Pomaganie jest dobre, gdy masz resztki. Ale to niesprawiedliwe, że pracuję, a inni ludzie cieszą się moimi pieniędzmi bardziej niż ja sam.

Ten przykład pokazuje, jak ważna jest świadomość. Musimy oddzielić rzeczy. Każdy musi starać się pracować. Każdy może przeżyć. Musimy być bohaterami naszej historii i nie polegać na innych. W dzisiejszym świecie są chore sytuacje. To nie jest miłość. To tylko interes finansowy. Bycie oszukanym miłością przyniesie tylko cierpienie.

Rozumiem, że w niektórych sytuacjach nie jest łatwo poradzić sobie z sytuacjami. Ale musimy być racjonalni. Syn ożenił się. Niech przejmie kontrolę nad swoim życiem. Wnuki, którymi należy się opiekować? Ani trochę. To odpowiedzialność rodziców. Wy, którzy są już w podeszłym wieku, powinniście cieszyć się życiem podróżując i wykonując przyjemne czynności. Wypełniłeś swoją rolę. Ponadto nie chcesz przejmować się odpowiedzialnością innych osób. Może to być dla ciebie bardzo szkodliwe. Dokonaj wewnętrznej refleksji i zobacz, co jest dla Ciebie najlepsze.

Znaczenie przykładu

Kiedy mówimy o dzieciach, mówimy o przyszłości kraju. Dlatego niezwykle ważne jest, aby mieli dobrą bazę rodzinną. Najczęściej są odbiciem środowiska, w którym żyją. Jeśli mamy zorganizowaną i szczęśliwą rodzinę, młodzi ludzie mają tendencję do naśladowania tego przykładu. Dlatego prawdziwe jest powiedzenie: „Dobry syn jest dobrym ojcem". Nie jest to jednak ogólna zasada.

Często mamy młodych buntowników. Mimo że mają wspaniałych rodziców, skłaniają się ku złu. W takim razie nie czuj się winny. Wykonałeś swoją część. Każdy człowiek ma swoją wolną wolę. Jeśli dziecko wybrało zło, poniesie konsekwencje. To naturalne w społeczeństwie. Jest dobro i zło. To jest osobista decyzja.

Wybrałem dobrą i dziś jestem zadowoloną, uczciwą i zdrową osobą. Jestem przykładem wytrwałości i nadziei na spełnienie moich marzeń. Ponadto wierzę w wartości uczciwości i pracy. Nauczcie tego swoje dzieci. Uspokój się i zbierz dobre. Jesteśmy owocem naszych wysiłków ni mniej, ni więcej. Każdy ma to, na co zasługuje.

Koniec

www.ingramcontent.com/pod-product-compliance
Lightning Source LLC
LaVergne TN
LVHW021049100526
838202LV00079B/5239